Canícula

Canícula

*Imágenes de una
niñez fronteriza*

Norma Elia Cantú

Houghton Mifflin Company   Boston   New York

Director, World Languages: Beth Kramer
Sponsoring Editor: Amy Baron
Editorial Associate: Melissa Foley
Project Editor: Amy Johnson
Associate Project Editor: Elisabeth Kehrer
Production/Design Coordinator: Jodi O'Rourke
Manufacturing Manager: Florence Cadran
Marketing Manager: Tina Crowley Desprez

Cover design: Rebecca Fagan
Cover illustration: Jim Dryden

Library of Congress Catalog Number: 00-133905

ISBN: 0-618-01180-3

123456789-EB-04 03 02 01 00

A toda mi familia en ambos lados del
Río Bravo/Río Grande.

Índice

Reconocimientos

Primeramente reconozco a quienes aportaron con sus vidas, sus fotos y sus cuentos. Le doy las gracias a mis padres Florentino Cantú Vargas y Virginia Ramón Cantú; a mis tías Eloisa Ramón García y María de la Luz Cantú Luna; a mis hermanos y hermanas: Laura C. Herrera, Elsa C. Ruiz, Leticia C. González, Maricela C. Reyes, Sandra C. Mendoza, Julio Cesar Cantú, Celia Luz C. Salazar, Geraldina Cantú Arredondo y Ricardo Cantú. También le doy gracias a mis compañeras y amigas: Sandra Cisneros, Tey Diana Rebolledo, Ellie Hernández y Anne Wallace por su apoyo total. Gracias a Elvia Niebla por el uso de su computadora y a Ana Castillo por el uso de su Santuario. Gracias a personas en mi pasado y mi presente cuya presencia ha enriquecido mi vida. En la traducción, agradezco y reconozco lo que han aportado mis colegas lectores: María Cristina López y Elizabeth Coonrod Martínez, y a las editoras Melissa Foley, Amy Baron y Lydia Mehegan. Finalmente, y como siempre, reconozco y agradezco al Creador, el Universo en todas sus manifestaciones que guía mis pasos.

Introducción

Que se inicie una serie de libros en español en los Estados Unidos es un acontecimiento digno de ser celebrado. Si bien ya desde el siglo pasado se publicaban libros en español en los Estados Unidos, por lo general eran impresos por encargo de las escuelas en Hispanoamérica o para ser vendidos al público general en esos países. También eran impresos libros en español para aprender inglés, y en años recientes importantes editoriales han comenzado a publicar traducciones de las obras de los más reconocidos autores del mundo hispano, ya en ediciones bilingües, ya en ediciones separadas en español e inglés.

La serie Nuestra visión: U.S. Latino Literature tiene un propósito distinto, un propósito hasta hoy no intentado por las grandes editoriales: dar a conocer la literatura de los latinos y latinas, los escritores de origen hispano nativos o residentes de los Estados Unidos, grupo ya sumamente importante pero cuya literatura en español, desafortunadamente, no es bien conocida. No se debe esto, por supuesto, a la falta de interés en sus obras, sino, principalmente, a la disponibilidad de textos. El pueblo latino en los Estados Unidos crece a grandes pasos (ya pasa de los treinta millones según las estadísticas más recientes) y el número de estudiantes de español de ascendencia hispana aumenta cada día. Este crecimiento ha motivado a la editorial Houghton Mifflin a publicar esta serie de textos precisamente ahora, cuando más necesario es poner en manos de estos estudiantes literatura de alta calidad lingüística y literaria escrita por latinos.

Los estudiantes hispanohablantes que empiezan a estudiar español en la universidad no disponen de textos literarios que sean accesibles y pertinentes. El propósito de la serie *Nuestra visión* es la de subsanar esa falta de textos con obras que sean de nivel apropiado. Estos textos, esmeradamente escogidos, serán de gran interés personal para aquellos estudiantes latinos que deseen enterarse más a fondo de su rica herencia. Al mismo tiempo, esos textos revelarán a los lectores no hispanos la riqueza y vitalidad de la literatura de los latinos en los Estados Unidos. La elección de obras reflejará las necesidades pedagógicas e intereses de lectores tanto hispanohablantes como no hispanohablantes, y le facilitará al lector la adquisición de una biblioteca básica de las principales obras de escritores latinos, hoy tan difícil de reunir. Al maestro de lengua, literatura o cultura, esta colección le proporcionará los textos necesarios para el estudio y enseñanza de las materias que imparte.

Otro propósito de la serie es el de dar a conocer, por medio de estos textos, las diferencias y semejanzas existentes entre los varios grupos latinos, con el propósito de facilitar la mutua comprensión y entendimiento entre éstos. Además, Houghton Mifflin desea dar al amplio público la oportunidad de conocer la vida y los valores culturales que comparten los varios grupos que constituyen el pueblo latino en Norteamérica, al igual que las diferencias que hay entre éstos. Este conocimiento es necesario, ya que la cultura norteamericana es un mosaico compuesto de las contribuciones de todas aquellas culturas que desde que se fundó el país han vivido en paz y armonía bajo el manto de la libertad y la democracia.

Como el título mismo de la serie indica, la visión reflejada en los textos seleccionados será desde la perspectiva latina salida del propio grupo. Todos los autores incluídos serán de origen latino. Los editores creen firmemente que no existe mejor manera de obtener dicho acercamiento que no sea a través de la literatura, y sobre todo de la narrativa, ya que es ése el género que más se presta para tal fin. La narrativa, como descubrirá el lector, es un verdadero espejo de la comunidad social, y sobre todo en el caso de la comunidad latina en los Estados Unidos.

Luis Leal

Canícula: Imágenes de una niñez fronteriza

Esta versión en español de la novela *Canícula: Snapshots of a Girlhood en la frontera,* parte de la versión original y la reimagina como un texto nuevo que mantiene la estructura y la temática de la misma. Además, he sacado algunos cuentos y he cambiado otros para reflejar la intención del original. Algunas palabras respecto al vocabulario: emplee el habla de la frontera tejana, es decir que el léxico no siempre se encuentra en los diccionarios, aún en un diccionario de mexicanismos. En algunas ocasiones, he puesto como glosa un sinónimo que se aproxima al significado de la palabra. En todo caso, las palabras se entienden por su contexto. Al traducir no siempre se logra que las palabras encajen de manera coherente y sin trabas, así que en algunos casos fue necesario cambiar la oración entera.

Esta obra es la segunda parte de una trilogía que cuenta la historia de una familia en la frontera desde mediados del siglo diecinueve hasta finales del siglo veinte. La primera parte, escrita por completo en español y titulada *Papeles de mujer,* permanece inédita y consta de cartas y documentos en los que se traza la historia de una familia en el espacio geográfico entre Monterrey, México y San Antonio, Tejas, y toma lugar de 1850 a 1950. La tercera obra, *Cabañuelas*, también inédita, continúa la historia hasta finales del siglo veinte. Como en casi toda obra de ficción, muchos de los personajes y situaciones en estas tres obras nacen de los eventos reales que les pasan a personas reales y se convierten en ficción. En *Canícula*, la historia se narra por medio de fotografías y lo que parece ser autobiográfico no siempre lo es. Por otro lado, muchos de los eventos son pura ficción, aunque estén situados en un contexto histórico y verídico. Existen fotos que documentan muchos de estos eventos, pero en otros casos la imagen es un *collage* imaginario; en todo caso el resultado es enteramente invención mía. Así que aunque pareciera que son historias de mi familia, no lo son precisamente, y sí lo son. Pero como Pat Mora nos dice: la vida en la frontera es verdad cruda y todo cuento basado en tal vida, por más ficticio que sea, es tal vez aún más verdadero que la realidad. Comencé llamando este trabajo *autobiografía ficticia* hasta que una amiga me dijo que mis cuentos eran más etnografía que autobiografía, y así fue como llegué a la conclusión que si acaso esto tiene que encajar en un género, puede ser el de *autobioetnografía ficticia*. La canícula del título se refiere a dos periodos: el verano cuando escribí la mayor parte del texto en la canícula de 1993 y a la idea de una época excesivamente calurosa e intensa del verano, cuando se cosecha el algodón en el sur de Tejas. En ese tiempo, por el calor abrumador, se dice que ni los perros salen. Canícula: el tiempo entre el 14 de julio y el 24 de agosto, según mi papá. En mi esquema del mundo infantil es una miniestación entre el verano y el otoño. El subtítulo sólo prepara al lector para lo que viene, pues esto no es una narración que permanezca fiel al esquema delineado por Freytag, no encaja dentro de las convenciones tradicionales de desarrollo de la trama. Al contrario, es un *collage* de cuentos que nacen de las fotografías seleccionadas al azar, y no de un álbum arreglado cronológicamente, sino sacados de una caja de fotos donde el tiempo se borra. El cuento sale de las fotos, las fotos en las que -como nos dice Roland Barthes- los muertos viven. Los cuentos reflejan cómo vivimos nuestras vidas por medio de recuerdos, con nuestro pasado yuxtapuesto al presente; colándose de un lado al otro, de uno a otro, en una danza recursiva que no tiene ni principio ni fin.

Norma Elia Cantú

Prólogo

1980. Un auto atropella a un hombre en una calle de París. Roland Barthes muere. A la mañana siguiente en el Café Colón en Madrid, una mujer lee la noticia en *El País* al desayunar un café con churros. En París, una semana después, la mujer compra el *Nouvel Observateur* y lo lee de principio a fin. Es un ejemplar especial dedicado a Roland Barthes, cuyo libro, *Camera Lucida, reflecciones sobre la fotografía,* acaba de publicarse.

1980. En una cama de hierro, de una habitación de un piso en Madrid, dos amantes revisan las fotos atesoradas en una caja de puros. Encima de la sobrecama de lino blanco bordado con hilasas de seda y bordes con encajes, han desparramado las fotos −retratos y fotografías formales−amarillentas y viejas. El olor a puro de la cajita se pega a las fotos como el polvo fino del tiempo. La mujer pone en conjunto la vida de su amante por medio de las fotos; sus padres sonríen en fotos en blanco y negro, tomadas antes de la Guerra Civil; la guerra que se llevó al padre y dejó viuda a la madre, huérfano al hijo. Un bebé angelical, sentado en un mantón, da una mirada cautelosa a la cámara; es hijo único. Una jovencita, la novia inglesa, luce un suéter, lo

que llaman jersey o rebeca por el personaje en la
película *Rebecca of Sunnybrook Farm,* va muy a la moda
de los cincuenta con su rubia cabellera en un page boy.
Sonríe hacia la cámara, dedica la foto: *To the one I love.*

Él ofrece su vida entera en un montón de fotos a
ella, la extranjera de un país desconocido que no puede
imaginarse; un lugar tan lejos de España como lo
desconocido; un país entre dos países, México y los
Estados Unidos de América, ese lugar ahora tan lejano
como el sueño de madrugada. *La Traviata* en el tocadiscos y la cena, platillos que él preparó con esmero; pollo
en vino tinto, un Rioja excelente. Ella piensa en cómo
el color del vino le recuerda las rosas rojas color sangre
del jardín de su madre. Ese jardín que existe en un lugar
tan lejano como la luna creciente en el cielo purpu-
razul que se trepa por los árboles. Ella no tiene fotos
que ofrecerle para compartir su vida. Sus fotografías,
testigos silenciosos de su vida, de su historia, yacen más
allá del océano, más allá del Atlántico, más allá de los
Estados Unidos, más allá de Tejas, más allá de México,
más allá de la frontera donde México se encuentra con
Tejas. Su niñez yace en una casa por la calle San Carlos
en el barrio las Cruces en la ciudad de Laredo en el
condado de Webb en el estado de Tejas en los Estados
Unidos. En esa casa de madera, las fotos de su vida

yacen retacadas[1] en cajas de zapatos atadas con cordones, cintas de zapatos. Las fotos permanecen atesoradas y seguras en ese lugar, al que ella llama la frontera, la tierra donde por generaciones, su familia ha vivido y ha muerto.

1985. En ese lugar seguro, ese espacio entre países, la mujer Nena y su madre sacan las cajas, desatan las cintas amarillas que fueron blancas y reviven los recuerdos. El olor a pasado atrapado junto a esas memorias las acompaña. Pasan días, semanas, meses tomando las fotos, los recortes de periódico, los documentos. Una por una, con reverencia, las toman. Los cuentos, las historias, vienen hacia ellas. A veces las hermanas –Dahlia, Esperanza, Margarita, Azalia, Teresita, Rosa, Xóchitl– se acercan, las acompañan y se alejan llevándose sus recuerdos de las cosas. Las más jóvenes no recuerdan las historias, sólo recuerdan imágenes, descripciones breves: cómo se ponían un vestido favorito, lloran por algún cumpleaños que pasó desapercibido, un pleito entre hermanas por una tontería ya olvidada. El padre, curioso, también interrumpe, contribuye con sus cuentos. Continúan; la madre rellena lagunas, historias de más antes, historias olvidadas, historias cambiadas por el tiempo y la memoria. La familia, los vecinos, las fiestas,

---

[1]Apretadas para que quepan más.

los eventos, algunos, ambas los vivieron, pero los recuerdan diferente. Discuten amablemente, cada una con la certeza de que su versión es la verdadera.

La mujer Nena empieza a formar su historia, deshilvanando cada hebra, como cuando su madre le pedía que descosiera alguna cosa, con paciencia, y cuidado para que la tela no llevara huella de las puntadas originales. Y así nacen y se deslizan los cuentos de su niñez en ese lugar de en medio, la frontera. Compartiendo el cuento de sus vidas y la historia de esa gente que vive la vida cotidiana de la frontera; es una sola cosa. Pero, ¿quién escuchará el cuento? ¿Quién escuchará la historia?

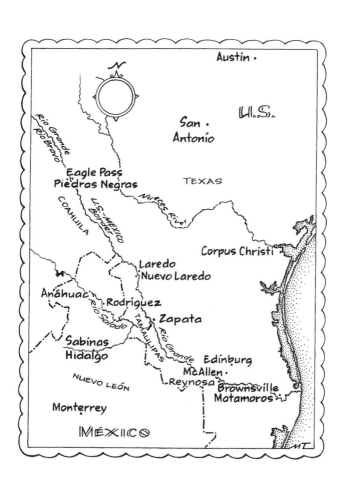

Las pizcas[1]

En un día caliente, caliente, caliente de agosto, el chillar de las chicharras me regresa al presente, frente a un surco larguísimo que hay que pizcar. Capullos de algodón. Todo está quieto, nada se mueve; el polvo yace sobre las hojas verdes y sobre mi piel. El olor a sudor, mi sudor, el pesado olor a sudor lo llevo puesto con la camisa de franela azul a cuadros. No se puede uno escapar del olor tan confortante en su intimidad, como el olor de Mami a talco y sudor. El sol brillante me hiere los ojos. Al mirarlo de reojo, veo manchas rojas. El sudor corre a chorros por mi espalda. El olor acre del pesticida me da náusea, se pega a la fruta blanca, polvorienta, que es fibra de vidrio en mis dedos al pizcarla. Pizco los capullos de filamentos pequeñísimos, tan suaves como la yerba barbas de chivo que cosechamos de la cerca de doña Carmen cuando jugamos a las comadritas. Lentamente lleno la saca[2] hecha a la medida por Mami para que le quede al hombro a la niña de

---

[1] Recoger frutas, en este caso recoger el algodón de los sembradíos.
[2] El saco.

nueve años. Todo por cincuenta centavos, o tal vez un dólar. Don Guillermo lo apunta todo en su librito cuando voy con Papi a vaciar la saca en la troca, o como le dice don Guillermo, el camión. Insectos raros —frailecillos, chinches, garrapatas, hormigas— algunos o todos estos bichos —pulgas, avispas, arañitas color de arena— algunos o todos estos animalillos encuentran la manera de llegar a tobillos, brazos, cuello y chupan sangre dejando llagas, ronchas rojas que dan comezón y dejan ámpulas llenas de pus que se revientan y arden con el sol.

En la foto, las sonrisas desmienten el dolor: los pies cansados, doloridos, sonrisas en caras serias, manos ampolladas, cuerpos rígidos posando al futuro. Y en la distancia, el río corre silencioso hacia el final o el principio. En las alturas de los cielos, una mancha de metal —un jet del norte— vuela hacia el sur, dejando como huella una nube blanca como la cola de una huila[3] casera.

----

[3]cometa

Mayo

Dahlia, Bueli, Tino, el primo Lalo y yo posamos una tarde calurosa de mayo frente a la casita de madera por la calle San Carlos. Dahlia y yo vamos de organdí blanco, con vestidos de primera comunión reciclados. Yo: toda piernas largas y flacas, brazos y un destello de dientes blancos. Luego cortaremos flores, buqués de florecillas color de rosa, san dieguito; florecillas blancas en varitas verdes, recedad; racimos de dulces jazmines, blancos como el marfil; flores de pétalos blancos, margaritas, y helechos de hojas largas puntiagudas, finas como hilo. Lo ofreceremos todo a la Virgen María en la iglesia San Luis Rey, donde cantaremos: "O María, madre mía, o consuelo del mortal, ampararnos y guiarnos a la puerta celestial". Y rezaremos el santo rosario. El olor a incienso es tan fuerte que casi me desmayo; en lugar de eso, me contaré las líneas de la muñeca, cada una significa veinte años de mi vida según mi prima Pepa. Soñaré con ir a Monterrey donde comeré un pirulí —un dulce que realmente dura todo el día y lo guardas en un vaso con agua toda la noche—.

Después del rosario y de la caminata a casa, y después de la taza de té de yerbabuena, me acuesto en el piso de la galería sobre una colcha gruesa y cuento las estrellas: ¡sin cuenta! Sonrío por el chiste: sin cuenta igual que el número cincuenta. Y quizás al ver una estrella fugaz pida un deseo: que mayo siempre sea así.

Cruces

Bueli y Mami y Papi cruzaron a pie el puente de un Laredo hacia el otro; se turnaron para cargarme o tal vez sólo empujaron mi cochecito azul. Chirinola, nuestra perrita, también vino con papeles y todo. Era 1948. Para Bueli, la mudanza acarreaba memorias, fotografías mentales que ya no existen, excepto en los cuentos que contaba la abuela, de cómo en 1935 ella y Maurilio, el abuelo tejano, y sus dos hijas pequeñas, empacaron todas sus pertenencias y se vinieron en su Ford desde San Antonio. Se sentían afortunados, la mayoría de los deportados venían sin nada, salvo lo que llevaban puesto; los mandaban a la frontera en trenes rumbo a México, aún a aquellos que eran ciudadanos. Bueli contaba cómo habían cruzado de un Laredo al otro y habían perdido todo —el orgullo de Buelito, la camioneta Ford negra y todo lo que tenían— a manos de los oficiales corruptos de la aduana. Tía Nicha todavía recuerda que semanas después, vio a una niña que llevaba su vestido; un vestido verde al que ella misma le había levantado la bastilla con hilo azul celeste: vestido memorable por ser tan diferente al aburrido uniforme azul marino de la escuela del Sagrado Corazón. Pero no había nada que hacer, sólo llorar y seguir adelante. Y en 1948 cruzar significaba el regreso a casa, pero no del todo.

Caballito de madera

Voy montada en el caballito de madera que Buelito me hizo usando sobrantes de madera. Lo pintó del color de los coyoles[1] rojos, rojo como los recuerdos. Llevo huaraches con nopales diminutos pintados con tunas aun más pequeñas sobre la delicada piel color café de los huarachitos. Un listón blanco me detiene los rizos

---

[1]Planta parecida al lirio.

negros y algunos rizos rebeldes se escapan. Mami me hizo el vestidito de verano, de tela azul como el cielo, lo ha bordado con rosas en botón sobre el bordado del smoking, igual a los que hacía cuando trabajaba en la fábrica de vestidos infantiles. La cara seria, la mirada fija. Montar a caballo es algo serio a la edad de dos años. Al fruncir los ojos bajo el sol de mediodía, miro directamente a la cámara que Mami sitúa a mi nivel al hincarse frente a mí. Es la casa donde Tino nació, por la calle San Francisco en Laredo, Tejas. La tela metálica en la puerta y en la ventana me enmarcan a mí y a mi caballito rojo. La verbena de color de sangre cubre el suelo y los coyoles florean rojos tras de mí. El camino es rústico por el caliche[2]. Pero me agarro fuerte, segura, como si montara el caballo de verdad, el caballito que añoro tener: el triste pinto que me lleva vuelta y vuelta en el carnaval. Por ser la mayor, soy la beneficiaria de los proyectos de carpintería de Buelito, me hace juguetes con carretillas de hilo, palillos y elásticos. Luego, cuando vivimos por la calle Santa María, el mismo año que nace Dahlia, me construye una mesita y una sillita para mis muñecas. Ahí, me siento a tomar mi chocomilk con galletas marías cuando regreso de la escuelita de la señora Piña, donde aprendo a contar, a cantar y a declamar

---

[2]Piedra que se usa en lugar de pavimento o cemento.

poemas para el día de las madres: "Si vieras mamita, qué lindas flores/ amarillas y azules, de mil colores/ aquí las veo abiertas/ acá en botón/ pero todas alegran mi corazón" y "Un lunes por la mañana/ me decía mi mamá/ levántate, Azucena,/ si no le digo a tu papá/ y yo siendo una niña de carta cabal/ me quedaba calladita/¿qué no me oyes, lucero?/ ¿Lucero? ¡Si ni candíl soy!".

El señor bueno de los ojos tristes, Buelito, a veces está ausente, pero ahora ha venido a pasar un tiempo con nosotros. Y yo monto mi caballito de madera al ritmo de una canción de cuna, miro a Mami y de repente me suelto a llorar sin motivo. Mis lágrimas caen sobre el talle del vestido y lo manchan de un tono de azul más obscuro.

En el puente

Cruzamos el puente un poco antes de la inundación y un fotógrafo ambulante nos toma la foto. Mami carga a Esperanza, y nosotros tres —Tino, Dahlia y yo— nos acurrucamos a su alrededor. Hemos ido de compras al Mercado Maclovio Herrera en Nuevo Laredo, y venimos cargados de redes llenas de carne, azúcar, tomate y demás mandado. Papi trabaja en una compañía constructora y sólo viene a casa una vez al mes. A veces, Tino y yo vamos al otro lado a comprar el mandado, le damos la vuelta al mercado, en la carnicería compramos carne jugosa y roja, y Raúl, el carnicero, la muele mientras nos guiña el ojo y nos da un pilón. Luego vamos a la tienda de Rangel por galletitas —marías, morenas y de coco— azúcar, piloncillo y aguacates verdinegros. Rangel los rebana en dos, con cuidado; para cumplir con los requisitos del Departamento de Agricultura de los Estados Unidos les quita el hueso —así podemos pasarlos legalmente—, y los vuelve a cerrar como si fueran cajitas de madera finamente labradas. Con mucho cuidado contamos el dinero calculando el cambio de pesos a dólares. A Tino le bolean los zapatos en un puesto que queda al cruzar la calle de la iglesia Santo Niño, mientras yo como fruta —quizá una rebanada de sandía, de piña o de jícama— con chile colorado. Tomamos agua fresca de jamaica, en vasos grandes. El líquido refrescante me llena la vejiga y tengo que ir al baño. Hago cola en el mercado cruzando una pierna sobre la otra, mientras espero de pie estoy a punto de reventar. La viejita sentada a un lado de los baños corta con esmero pedazos delgaditos de papel higiénico color café; me da uno y le doy un veinte —una moneda café y redonda—, intercambio ritualizado. El olor del desinfectante no puede disfrazar el otro olor, aun más fuerte y más poderoso que se cuela hasta la nariz. Se me hace un nudo en la garganta, me apuro. Salgo a la luz brillante y cegadora del sol. Caminamos y cruzamos el puente. Nos detenemos a descansar cada media cuadra más o menos, los brazos adoloridos de cargar las redes pesadas. Tomamos el bos[1] rumbo a casa.

En la foto, Mami casi cierra los ojos en el sol, se ve hermosa con el pelo corto. Está furiosa e impaciente. Lleva la carga de todos nosotros. Luego Papi deja el trabajo de la constructora Zachry. Son demasiadas noches lejos de casa, trabajando en ciudades con nombres raros como Waco y Odessa. Compra un Nash usado, gris, que

---

[1]Camión o bus.

parece un insecto conchudo, las luces son como dos ojos hinchados. Papi se pone a trabajar en la fundición donde trabajan tío Güero y Antonio, el vecino. Y a los tres, y a muchos más, los suspenden regularmente. Durante los paros, los viajes a Laredo México se posponen, sólo cruzamos por emergencia: a ver al doctor, visitar un pariente enfermo o cumplir con una manda o promesa a la iglesia del Santo Niño. Tino y yo extrañamos nuestras aventuras al otro lado. Ahora Papi lleva a Tino a que le hagan el pelo y le boleen los zapatos mientras Mami y yo compramos *Confidencias,* una revista para mujeres que leo a escondidas durante la siesta. Escondida en el patio, bajo el pirul[2], leeré: "Cartas que se extraviaron", y me imaginaré que las cartas de amor son para mí, o que yo las escribí apoderándome de los cuentos trágicos. Juego a ser una gran artista de cine –María Félix, Miroslava, Silvia Pinal–; con una toalla como traje, Dahlia y yo bailamos como lo hacen las actrices en las películas. Durante el recreo les cuento las historias a Sanjuana y Anamaría, ajustando la trama a mis propósitos.

---

[2]Un tipo de sauce. Pirú.

La creciente

Una creciente, amenazadora y despiadada, derrumba el puente entre los dos Laredos. El puente masivo cae como un juguete de los que me hace Buelito con cajitas de cerillos. Y la gente se reúne en las calles, los hombres no van a trabajar. Los Salinas, los Mendoza, los Treviño, los Baca, los Valdéz, los Monsiváis y los Sánchez, todos se han reunido frente a nuestra casita. Tememos lo peor. Pero al escuchar la radio y oír al locutor anunciar el progreso de la creciente, la crisis se convierte en algo común. Pasa el miedo y al anochecer jugamos a la roña[1], persiguiéndonos, correteándonos por los solares. A los adultos no parece importarles que no nos hayamos ido a dormir. Estamos listos para evacuar. Hemos apilado ropa y algunas pertenencias en fundas de almohada, en cajas, en bolsas de papel. Sólo nos queda esperar. Al fin llega la noticia. El arroyo del Zacate sube precipitadamente. Hay que ir al gym del high school. En la madrugada dormimos seguros, pero cansados. El siguiente día regresamos a casa. No hubo

---

[1]Juego infantil.

lluvia, sin embargo la creciente vino y se fue. El agua llegó hasta los escalones de las casas, pero la nuestra no se dañó, al fin por algo está sentada sobre estacas. Pero las aguas furiosas del río se han llevado los escalones, el buzón, los árboles frutales como los duraznos y la granada. Pero los naranjos, la toronja, los huizaches y los mezquites resistieron igual que el pirul –al que sólo tres años después partirá un rayo–. Los rosales de Mami, los tulipanes, el jazmín, la recedad y los helechos: todo quedó destruido.

Unos días después, nos arriesgamos a cruzar el puente de pontón para visitar a los parientes y amigos que lo han perdido todo: casas, muebles, todo; a las aguas vengadoras del Río Bravo. Y Bueli reza oraciones diferentes: "Vente Azucena, vente Azucena, no te quedes". Para asegurarle que no me quedo con los espíritus del río, repito: ¡ya voy, ya voy, ya voy!, al cruzar el río de ida y vuelta. El puente se mece de un lado a otro, como juguete. Yo, asustada, me pego a Bueli que murmura sus rezos en secreto. Más tarde tememos a las enfermedades –polio, fiebre tifoidea–, algunas a causa de la creciente, otras de origen misterioso. Así que esperamos horas y horas haciendo cola para que nos den las vacunas, agua potable y nos pongan las inyecciones que duelen. Cuando me toca a mí, me hago fuerte y no lloro; Tino

sigue mi ejemplo, nos brotan las lágrimas, pero no lloramos. Ah, pero Dahlia sí. Corre y corre por todo el
high school llorando, queriendo escaparse de lo
inevitable. Sus lloridos y su pataleo nos avergüenzan.
Los temores de Mami se multiplican con los cuentos,
los rumores, los chismes que corren por todo el barrio:
niños con polio, con fiebres tan fuertes que matan.
Bueli prende sus velitas a la Virgen de San Juan. Un
domingo por la mañana nos apilamos en el carro del
compadre Leo. Antes de que amanezca vamos rumbo al
valle a ver a la Virgen de San Juan del Valle, a dar gracias. En la foto, cinco adultos: Mami, Papi, Leo, Tina,
Bueli; y cinco niños frente al Ford del compadre Leo.
Regresamos a casa sudorosos y cansados. Me hago la
dormida, el compadre Leo me carga y me acuesta en la
cama. Es una chiflada de siete años, talayotona[2], dice
Mami.

Después de la creciente, Mami y Bueli comienzan
de nuevo. Todo el año siembran sus matitas con cortes
de las plantas que se han salvado. Las vecinas generosas
comparten todo. Siembran tulipanes, jazmines, helechos, rosales y una gardenia nuevecita bajo la ventana
de la recámara para endulzar el ambiente de la noche,

---

[2]Mocosa, mimada.

y las hierbitas medicinales de Bueli: albahaca, romero, ruda para dolor de oído, estafiate[3] para el estómago, y hierbabuena para todo. La tienda donde trabaja el vecino, don Vicente, a una cuadra del puente, queda destruida. Con el tiempo sólo quedan recuerdos de la creciente, señas en las paredes del banco y las tiendas cerca del río. Recuerdos de lo perdido, del temor, memorias que se borran como las fotografías del periódico, como las del recorte que Mami guardó con la foto del viaje a San Juan.

---

[3]Hierba medicinal.

Pepa

En la quinceañera[1] de mi prima Pepa sirven pollo
con mole; un mole rico con sabor a chocolate y cacahuates. Trato de comer con cuidado, pero es imposible
no mancharme el vestido. Aparezco en la foto con los
brazos cruzados sobre las manchas rojo-café en el vestido amarillo pálido que perteneció a Chita, la hija de la
amiga de Mami que vive en Corpus Christi. Pepa pone
su mano sobre mi hombro y sé que soy su favorita. Pepa
es mi favorita. Me pinta las uñas con esmalte rojo rojo;
me peina; me teje trenzas; me enriza caireles. Ella estuvo ahí para consolarme cuando Mami me agujeró los
oídos; yo siempre decía *orejas* y me corregían: sólo los
animales tienen orejas, y hocico y patas. Mami me puso
unas argollas de hilasa roja roja y más tarde unas arracadas de oro, pequeñitas. Pepa me trata como si fuera su
hermanita. Me quiere a su lado para la foto tomada en
el patio de su casa. El olor a azahar intoxicante y fuerte
atrae avispas. Cuando Quico, el hermano menor de
Pepa le pega al panal, salen avispas furiosas y lo pican.

---

[1]Fiesta de quince años.

Llora y grita, pero no le sale ruido de la boca abierta como un hoyo, hasta que se le pone la cara morada y finalmente le sale un alarido que trae a todo mundo a su alrededor. Todos proponen remedios: Telaraña, no, eso es para las cortaduras; lodo, no, eso es para piquetes de hormiga; hielo, ruda machacada, sávila. Tía Trine no aguanta más, lo regaña y le dice que se lo merece por andar molestando a las avispas en su panal. Sólo fueron dos piquetitos[2] de avispa y al rato vuelve a jugar con los otros niños, pero no donde hay naranjos sino al fondo, donde está la higuera.

En la cena, Dahlia llora y grita, quiere un plato de comida para adulto. Mami lo pide con pena y tía Trine le trae un plato de adulto con jalapeños y se lo pone en la mesa a la niña de dos años. Dahlia feliz, juega con la comida y se mancha el vestido nuevo. Después llorará otra vez, al ver a Mami bailando con Papi al compás de la música de Isidro López, que suena a todo volumen en el tocadiscos. Mami, apenada, explica el por qué de los berrinches de Dahlia: "está chipil[3]". En efecto, Mami espera otro bebé. Esperanza llega a los pocos meses.

---

[2] Picaduras pequeñas.

[3] Se dice cuando un niño o niña reclama excesiva atención de sus padres a causa de los celos por el bebé, su hermano o hermana, que está por nacer.

Esperanza

Es una noche fría de enero. Ya preparé la ropa para la escuela, recé mis oraciones haciendo la señal de la cruz tres veces sobre mi almohada, como me ha enseñado Bueli. Durante la noche me despiertan ruidos y lloridos. No es nada –me asegura Bueli– son los gatos. Duérmete. Y lo hago, pero en la mañana me sorprende ver a Mami en la cama y no en la cocina. Bueli hace tortillas y chorizo con huevo para el desayuno y la lonchera[1] de Papi. Hay una sorpresa para ti, una hermanita, me dice Papi y toma un trago de café. En la cama, un bulto pequeñito, un bebé no más grande que mi gato, Gatón, al pecho de Mami. Fascinada, me siento reventar llena de preguntas. Ya sé que los bebés no se venden en el Kress o en el Mercado Maclovio Herrera, como creía cuando pequeña. Pero Mami no me dice nada, sólo que Carlota vino por la noche y le trajo esta muñequita de a deveras. Carlota. Sólo sé que viene seguido y se sienta bajo el pirul hablando mientras Bueli y Mami pespuntean la colcha. Carlota; sé que cuando se

---

[1]Portaviando o fiambrera.

19

ríe parece que llora. Pero, ¿y la niña?, ¿cómo?, ¿cuándo?
No quiero ir a la escuela, especialmente cuando Carlota
la partera llega a ver a Mami y a la niña. Quiero cargarla, bañarla, despertarla, enseñarle a hablar, arrullarla
meciendo la cuna. Pero tengo que ir a la escuela, donde
presumo de tener una hermanita nueva. Unos meses
más tarde no es nada divertido tener que lavar los
pañales, enterrar la masa amarilla que huele peor que a
huevo podrido y que me da ganas de vomitar. Bajo la
llave enjuago el pañal, dirijo el chorro de agua directamente adonde está sucio, y pongo el montón de pañales
en la tina con cloro. Mami y Bueli los hierven en un
baño colocado sobre ladrillos y una lumbre de leña de
mezquite. Los remojan y los menean con un palo de
escoba. Los enjuagan en otro baño. Yo les ayudo ten-
diendo los pañales que huelen a cloro en la soga con
horquillas de madera, abrirlas es un reto para mis
pequeñas manos de niña de siete años. Y por la noche,
antes de que caiga el sereno, hay que meterlos para que
no se roce la niña.

Sólo unos días después de que llega la niña, se enferma. Se está muriendo. Se nos va, dice Bueli llorando.
Tiene convulsiones. Se ha puesto morada. Papi está trabajando el turno de noche o tal vez se ha ido fuera del
pueblo. Siento su ausencia como un temor, un miedo

total. Juanita, la entenada[2] de Mamagrande, está de visita y ofrece remedios que no funcionan. Asustada, Mami me manda a casa de Jovita a usar el teléfono para llamar al doctor. Está obscuro y no oyen cuando les toco. Pita, su perra, me saluda con un llorido y mueve la cola; siento su nariz fría en mi chamorro[3] y sigo tocando. No me oyen. Entonces grito: ¡Jovita! Al fin, Eusebio oye al perro de los Valdez que no deja de ladrar. Paso y hago la llamada, pero la doctora habla en inglés y mis palabras brotan en español por el susto. Aterrorizada, entiendo: hay que llevar a Esperanza al hospital inmediatamente.

Las enfermeras, el doctor, todos aseguran que morirá, y Juanita es la madrina de emergencia de la niña de unos cuantos días. Mami se la ofrece a la estatua de San José en la sala de espera en el Mercy Hospital. Por eso es "Esperanza José," la única con dos nombres. La criaturita, tan chiquita y débil que no podía ni llorar, no tarda en recuperarse y llora pidiendo comida, responde a los medicamentos. Supera la enfermedad. Se salva y regresa a casa. Juanita, que fue criada por Mamagrande cuando su propia mamá murió de tuberculosis, es la madrina de Espy.

Un día estamos sentados, platicando bajo el mezquite

---

[2] Hija de crianza.
[3] Pantorrilla.

y Eleazar, mi vecino, uno de mis mejores cuates, me
hace enojar cuando pregunta: "¿Y si se vuelve a enfer-
mar la baby y se muere?". Recuerdo que Papi enterró
unas cosas la mañana que llegó la niña y que sólo le
quedó un ombligo pequeño en la pancita. Si se muere,
habrá que enterrarla como al ombligo, en el solar, bajo
el mezquite. Por varios días, enojada, no salgo a jugar
con mis cuates. Tía Nicha me pregunta: ¿cuál es tu
favorita? Esperanza —le contesto—, claro. ¿Por qué? Pos[4]
no sé, sólo sé que así es.

---

[4]Pues.

Tino

Lo hizo a los cuatro y de nuevo a los nueve. En las fotos aparece parado al lado, con la mano extendida como apuntando un rifle o una pistola. En una, todos los invitados posan a mi alrededor y la piñata en forma de pastel se mece con el viento sobre nuestras cabezas. Todos están ahí: tías, tíos, primos y primas, vecinos, mi madrina, todos, hasta Mamagrande Lupita de Monterrey. Llevo en la mano el palo de escoba forrado de papel de china rojo, azul y amarillo que usaremos para quebrar la piñata. Y él juega a los soldados, aún en la foto. Sólo diez años más tarde, en 1968, sí es soldado y no es ningún juego. Y una vez más nos reunimos todos: tías, tíos, primos y primas, comadres, vecinos, todos, hasta Mamagrande Lupita de Monterrey y el primo de Papi, Ricardo, quien ha escoltado el cuerpo en su viaje a casa. Nos hemos reunido una vez más, esta vez alrededor de un ataúd cubierto con la bandera. Nos hemos reunido para recibir a Tino que regresa de la guerra. Tino ya está en casa. Mi hermano ha llegado de Viet Nam. El sonar del clarín nos acaricia los corazones y el llanto suave, los sollozos silenciosos de Mami se mecen en la brisa ligera y fresca de marzo.

Perpetuo Socorro

En la pared, la imagen de la Virgen de San Juan sobre un color rosa pálido; la silueta en gris obscuro brilla como plata en la obscuridad de la noche. Bueli prende velitas cuando Tino se enferma tanto que el doctor Del Valle, el doctor en Nuevo Laredo, teme que se nos muera. Sólo tiene tres años. La enfermedad lo ha vencido. Pero Papi llora frente a otra imagen, la de Nuestra Señora del Perpetuo Socorro en un almanaque de la iglesia Cristo Rey. Reza, le pega a la pared con los puños, como le pegaría al mezquite del patio con la cabeza dieciséis años después, como animal herido, aquella mañana, cuando llegó la muerte de Tino a nuestra puerta. Pero el niño Tino se salva, supera la enfermedad. Las inyecciones, los medicamentos, las oraciones, los remedios; algo funciona y Papi enmarca la imagen del almanaque en un marco de madera dorado, le construye una repisita para ponerle veladoras a la Virgen del Perpetuo Socorro. En 1968, con el dolor de la pérdida, con lágrimas de luto, le reclama a la imagen: ¿para esto me lo salvaste? Y quita la imagen de la pared, no aguanta verla, no soporta recordar. En la pared, un rectángulo de nada, el color de la pared flamantito, como cuando Mami lo empapeló hace tres años para la visita de tío Moy, como nuevo: hileras de helechos verdes en un fondo beige. La velita en la repisita, aún encendida, es una plegaria al vacío.

El caballo de Papi

Papi monta su caballo favorito, Rocinante. Lleva un sombrero que ensombrece su cara, pero sé que sonríe, esa sonrisa muy de él que dice: "Estoy tan orgulloso". Se ve joven en la foto, debe ser en Allende, Coahuila o en uno de los ranchos cercanos donde se crió. En la foto, un cedro inmenso, un cubreviento, obscurece un lado del jacal con un color sepia, al fondo, donde el campo se extiende hasta el cielo. La tierra. Mi padre la venera hasta hoy día, cuando ve sus plantitas de maíz, calabaza y tomate. Hasta hace poco hablaba de volver a México, de establecerse en un pueblo pequeño: Vallecillo, Sabinas, Anáhuac. —Un ranchito para volver a sembrar–, decía. Pero ya no menciona estos planes, re- signado a vivir con su incapacidad artrítica, a su vida de jubilado en Laredo.

Un fin de semana nos fuimos de viaje a los lugares donde había vivido de niño. La trayectoria nos llevó de Nuevo Laredo a Anáhuac, a Rodríguez, a Allende, a Piedras Negras; atravesamos por tres estados mexicanos: Tamaulipas, Nuevo León y Coahuila, todos en un día. Mientras la tía Nicha y Mami recordaban a la abuela mala que las castigaba cuando se quedaron con ella en Monclova, él bromeaba acerca de Las Minas, el pueblo minero de Dolores, Tejas, donde había sido concebido. Fue un viaje al pasado, lleno de recuerdos.

Entretiene a los nietos con sus historias de aquellos lugares. Cuentos de cómo murió Rocinante. Con los ojos llorosos cuenta cómo murió aquel caballo, tan querido, que lo llevaba a los bailes en las cercanías de Anáhuac. Pero una noche tuvo que darle un tiro a su Rocinante, porque lo corrió de baile en baile y el caballo enfermó. Los cuentos de los bailes invariablemente acababan con las historias de Gonzalo. Gonzalo, el hermano que regresó de California en el primer carro del pueblo, un Ford, claro está. Gonzalo, al que le gustaba bailar y contar chistes. Con voz llorosa nos cuenta cómo mataron a su hermano mayor en un baile, en una boda de rancho por defender a un amigo o tal vez por algún lío de política, pues eran tiempos así, violentos y despiadados. Murió en sus brazos y cuenta cómo lloraba cuando el tío, a quien nunca conocí, daba sus últimos suspiros. Papagrande no quizo venganza y les prohibió a sus hijos que la buscaran. Papi tenía apenas dieciséis años cuando su hermano mayor murió a los treinta y dos dejando dos viudas, una en Tejas y la otra en México. Las dos aparecieron el día del velorio y Mamagrande no sabía qué hacer del dolor, la pena y la vergüenza. ¡Qué dirá la gente! Pero nadie le podía negar el pésame a la tía Trine. Había traído a su hijo a ver a su padre muerto y a conocer a sus medios hermanos. Desafiando a Papagrande, se paró y recibió el pésame junto con la familia. Y Papi montó su Rocinante y se dejó crecer el bigote en memoria de su hermano, el bigote que se le fue obscureciendo, así como se fue haciendo hombre y se le volvió blanco al envejecer en nuestras vidas.

Mamagrande

La foto muestra una mujer rodeada de niños —son sus hijas e hijos, nietas y nietos—. Mamagrande, la de sangre azul, ha ido de un lado al otro y de regreso al otro lado. Después de la mudanza hacia el sur, vive en Anáhuac, la casa de la parcela, que no le queda muy bien, le queda chica. Sus ojos de aguamarina, detrás de los anteojos de aros dorados, siempre están llenos de lágrimas que se seca con hermosos pañuelos bordados. Mamagrande me cuenta historias de haber cruzado el río "en wayin[1]". Me imagino una carreta cubierta —un Conestoga wagon—, como en las películas de vaqueros. Ella, embarazada con mi padre. Él, testarudo, no se aguanta. Papagrande, el pacifista, decide: hay que irse. Y ella lo siguió rumbo al sur, como lo había hecho antes al huir de la revolución mexicana, caminando hacia el norte a la zona de las minas de carbón —Chanel, Dolores, Palafox—. Ahora huyen de nuevo, mientras algunos de sus conocidos que no hablan inglés son reclutados y enviados a pelear al extranjero. La primera guerra

---

[1]Carreta cubierta para transportar pasajeros.

mundial ha estallado y se mudan otra vez. Papagrande pastoreando los chivos, los niños menores en la carreta, los mayores a caballo, cruzan el río hacia México otra vez. Ella, guarda los sueños en el corazón. En la foto, la mujer cansada casi se pierde entre los niños. El trabajo es interminable. Desde la diaria preparación de las comidas —sopa de arroz, guisados, postres— y los platillos elegantes para las fiestas —cabrito, mole, tamales—, hasta la limpieza de los manteles, manteniéndolos más blancos que el blanco, luchando contra el polvo y la mugre de la vida en un pueblo de rancho. El mantener las apariencias, la dignidad, lo que es correcto, es todavía más fatigante. Añora ser aquella jovencita sin preocupaciones; añora la casa de su niñez en el pueblo cerca de Monterrey, donde sus antepasados, recién llegados de España, se habían establecido; añora a los sirvientes que lavaban y planchaban la ropa de seda y de lino fino, y añora los placeres de esa vida: la misa del domingo, dulces de calabaza y de camote con leche y miel que aprendió a hacer. Cuando hay tiempos difíciles, vuelve a hacer los dulces para vender: de naranja agria, de calabaza, de leche quemada, jamoncillo.

Ella se casó a los quince años. Cuando me gradúo de high school me dice: cuando yo tenía tu edad ya había dado a luz a dos hijos. Sus padres están enterrados en la cripta familiar en el panteón principal de Monterrey. Sus hijos están enterrados en Laredo, en Dolores, en Anáhuac. Sus dolores y sus alegrías enterrados en su corazón. Sus manos siempre ocupadas tejiendo con gancho, bordando, tejiendo con agujas, haciendo colchas. El trabajo nunca se acaba, con su pañuelo a la mano en la bolsa del delantal, siempre listo para las lágrimas de gozo o de dolor. Mamagrande.

Dahlia uno

En el primer cumpleaños de Dahlia hay fiesta y ese mismo día aprende a caminar. Nos reunimos alrededor de una piñata para la foto. En el fondo un cubreviento, el que me cuenta historias llenas de ensueños donde los pájaros y las ranas hablan. Un día me doy cuenta que los árboles no hablan y el cubreviento, el cedro antigüo, jamás me vuelve a contar historias maravillosas. Vivimos en un barrio que se llama Cantarranas, y en esas raras noches cuando los relámpagos iluminan el cielo nocturno y las lluvias caen en torrentes, Bueli nos cuenta una historia, un cuento que me asusta y me incita a preguntar un chorro de cosas. La Llorona se puede escuchar, si pones cuidado, entre el canto de las ranas. Y lo oigo: el llorido de una mujer que busca a sus hijos a lo largo de la ribera del río. El cuento nunca cambia y a veces me duermo antes de que Bueli termine con: "colorín colorado este cuento se ha acabado". Otras veces insisto tanto, que ni el cuento ni Bueli contestan mis preguntas. Bueli se burla de mí llamándome la abogada siempre preguntona. Relata el cuento, pero nunca responde a mis preguntas: ¿por qué mata a sus propios hijos?, ¿y luego por qué llora por ellos?, y si vive cerca del río, ¿por qué nunca la hemos visto?, ¿tuvo otros hijos?, ¿cuántos eran?, ¿cuántos años tenían?, ¿cómo se llamaban? Nada de esto importa, el cuento nunca responde mis preguntas.

Al poco tiempo, he de tener cinco años porque he olvidado el lenguaje de los árboles, nos hemos mudado a Las Cruces, un barrio un poco más lejos del río, y la Llorona ahora llora a lo largo del arroyo del Zacate, dos cuadras al fondo de nuestra casa nueva; una casita de madera de cuatro cuartos construida sobre estacas. Sigue buscando a sus niños perdidos —me dice mi mamá—, así es que no debo acercarme al arroyo, la llorona me podría confundir con uno de sus hijos y llevarme con ella; y también tengo que cuidar y asegurarme que mis hermanitos tampoco se acerquen al agua. La llorona, un cuento para asustar y arrullar que Bueli contaba a sus nietos que la escuchaban con ojos de susto en las raras noches lluviosas de Laredo, en el barrio llamado Cantarranas. Y las ranas cantan a lo largo del Río Grande, Río Bravo. En la foto, Dahlia da sus primeros pasos, sonríe sin dientes, su manita gordita de un año en la mía; la Llorona está muy lejos, mientras Bueli, que luce su vestido de salir, el de color azul lleno de flo-recitas blancas, me lleva de la mano.

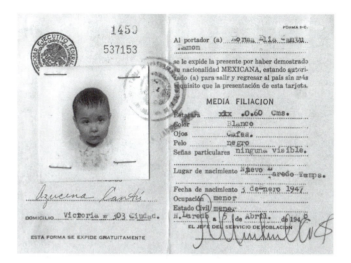

Ciudadana mexicana

En la foto engrapada a mis documentos de inmigración a los Estados Unidos, soy una peloncita de un año, pero son los mismos ojos que me miran fijamente a los trece años cuando me veo en el espejo y me pregunto: ¿quién soy? Y me rebelo cortándome el pelo, parada ahí, frente al espejo, como lo hizo Mia Farrow en *Peyton Place*. Papi enfurecido me regaña. Los ojos son los mismos que aparecen en otra foto engrapada a un documento que dice que soy ciudadana mexicana para poder viajar con Mamagrande a México, sin mis padres.

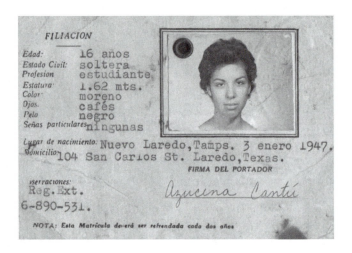

Mamagrande y yo sentadas en la antesala del consulado por la calle Farragut, esperamos dos horas hasta que dicen nuestro número y un secretario habla con Mamagrande, se lleva los documentos a un cuarto misterioso al fondo para que los firme el cónsul, y por fin regresa. Los documentos, rigurosamente firmados y decorados con un sello oficial, me declaran ciudadana mexicana. Puedo regresar a México sin mis padres. Miro fijamente a la cámara: una muchachita delgadita y tímida de doce años, preocupada, por primera vez consciente del vello de su cuerpo y los pechos nacientes que parecen crecer uno más grande que el otro. Anamaría, mi mejor amiga, me confía que ella tiene el mismo temor, porque como hermanas mayores hemos cargado bebés toda nuestra breve vida. Llevamos meses cambiándonos, conscientemente, a los bebés del brazo derecho al izquierdo para que un pecho no crezca más que el otro. Nos maravillamos de los brassieres colgados en el tendedero de los Valdez junto con la ropa recién lavada, todos los lunes por la mañana. Los pechos de doña Cata deben ser enormes, hasta más grandes que los de doña Carmen cuyos brassieres nunca hemos visto en el tendedero, así es que deducimos que ella no usa brassier. Nos obsesionan los senos; a diario revisamos nuestros bustos para ver si hay señas de que están asimétricos. Y platicamos de cuando nosotras usemos brassieres, de cómo les vamos a pedir un brassier a nuestras madres antes de que comience el año escolar: ¿cómo podremos ingresar al octavo año sin brassier? ¡Sería una tragedia! ¡Qué dilema!

Por lo pronto, salgo con Mamagrande rumbo a Monterrey para pasar gran parte del verano en su casa, por la calle Washington frente a la alameda. Monterrey, donde mis primos se burlarán de mí, me llamarán pocha[1] y me harán añorar mi mundo de los Estados Unidos, un mundo tan ajeno, lleno de la tele: Ed

---

[1] Se dice de aquellas personas de origen mexicano que viven en Estados Unidos y que han adoptado costumbres de ese país.

Sullivan, Lucy y Dinah Shore y Lawrence Welk —el favorito de Bueli—, y de las hamburguesas del Glass Kitchen —ocho y luego seis por un dólar los sábados por la tarde—. Extraño a mis padres, a mis hermanitos, el bingo de la iglesia de San Luis Rey al que asisto con la vecina Concha. Los primos, amables y crueles, me piden que diga algo en inglés, recito el juramento a la bandera: "I pledge allegiance to the flag"; que cante algo, y les canto canciones infantiles bobas y les digo que son unas canciones bien padres, canciones fantásticas: *Humpty Dumpty, Jack and Jill, Little Miss Muffet, Old MacDonald*. Me escuchan fascinados, boquiabiertos, pero luego se ríen cuando no conozco sus juegos: "A la víbora, víbora de la mar, de la mar", o los juegos de manos: "Yo no soy bonita ni lo quiero ser, porque las bonitas se echan a perder" y "Padre e hija fueron a misa, se encontraron un francés y el francés le dijo a m'ija, cuéntame estas veintitrés". Jugamos juegos infantiles, a los colores y María Blanca y a los talleres de la vida. Aunque me divierto, extraño mi casa y no tengo palabras para explicarlo. En la noche, lloro en silencio antes de quedarme dormida en un catre en el zaguán de la casa larga, larga. La casa antigua guarda secretos, y es fresca en el verano y calientita en el invierno por las paredes gruesas y los pisos de mosaico. Las ventanas coloniales dan hacia la calle, ventanas con window sills anchos cerca del piso, frescos al tacto, tan anchos que podemos jugar a los "jacks" en ellos mientras los adultos duermen la siesta. Primas. Tina, Lucy y Tati me asustan con cuentos de robachicos que se roban a los niños para venderlos como esclavos o hacerlos pedir limosna a la entrada de la catedral. Primas y primos. Pita, Chabela y Rey me enseñan a andar en bicicleta, a regatear con los vendedores y me río de sus chistes aunque no los entienda. Primas. Me mandan de acompañante de Tina. Se ve con Chago a escondidas. Después, en la casa, toda inocentona, se me sale decir que Chago me compró una paleta[2] de mango[3] —mi favorita—, y le dan su buena regañada a la pobre de Tina. Papagrande se pone furioso. No le cae bien Chago porque no es católico, es hijo de un ministro protestante. Pero a mí no me importa. A mí me gustan sus ojos claros risueños y su cabello castaño rizado. Al día siguiente, vamos caminando por la calle a recoger un "encargo" de Mamagrande, cuando Tina me explica: debo aprender a guardar secretos, porque si no se enoja Papagrande. Escucho y obedezco, aprendo las lecciones de la vida.

---

[2]Agua de frutas congelada en forma de pala y con un palito que sirve para sostenerla.
[3]Fruta tropical.

Bueli

En la foto, Bueli está sentada en su mecedora, el sillón de respaldo alto, el mismo sillón donde nos meció a todos de recién nacidos. Aparece rodeada de sus nietos: Tino, Dahlia, Esperanza y yo, en la sala de tres metros cuadrados con las cortinas de pseudoencaje rosa de plástico, su cabello en trenzas enrolladas forman una corona adornada con peinetas de plástico gris, mi regalo del día de las madres. Compré las peinetas en el Kress, donde me pasé treinta minutos escogiendo y pagué treinta centavos precisamente por este par con piedritas incrustadas. Nos juntamos alrededor de Bueli en la salita para salir en la foto y Mami la toma desde un ángulo para que salgamos todos. La cara de niña de dos años de Espy aparece inmensa en el primer plano. En la pared, el cromo de la iglesia de San Luis Rey —el calendario que nos regalaba el Padre Jones cada año—, no muy diferente del almanaque que aún reciben Papi y Mami cada diciembre de parte de la iglesia y en el cual Papi anota citas con el doctor y los cumpleaños de los nietos.

En ese mismo cuarto velamos a Bueli. La noche que la enterramos yo la ví sentada meciéndose en su sillón. Sin palabras me habló: "cuida a la niña", y comprendí que se trataba de Azalia, que apenas tenía tres meses. Me levanto a verla, está dormidita en la cuna que Papi había pintado de color crema y decorado con calcomanías de conejitos. Azalia está bien. Pero Mami está llorando. Las dos lloramos, nos abrazamos. Cuando le cuento lo que me había dicho Bueli, me ordena: reza para que su espíritu pueda descansar. Y así lo hago.

Susidio[1]

Tino y yo discutimos, cada quien quiere ver algo diferente en la tele. Sólo hay dos canales: uno de Laredo en inglés y el otro de Nuevo Laredo en español. Es el sábado antes de que empiecen las clases. Mami y Papi han salido a comprarnos ropa, zapatos y útiles escolares —cuadernos Big Chief para los chiquitos, theme paper y carpetas para los mayores, mochilas y lápices amarillos para todos—. Lo habían apartado todo al iniciar el verano hacía varias semanas. Mami estuvo pagando las cuentas de Neisner's y J.C. Penney cada semana. Afortunadamente hemos trabajado en las pizcas y no se le ha pasado ni una semana. Azalia, de seis meses, se remolinea en mis brazos mientras Tino y yo forcejeamos cambiando de un canal a otro y Azalia, tierna y calladita como siempre. *Muñeca* es el apodo que Papi le ha dado. De repente, se me escapa, se cae pero la sostengo de las piernitas. Llora y llora.

—¡Ves, lo que hiciste!

—Nada. Yo no fui, no hice nada—, y nos olvidamos de

---

[1]Sentir ansiedad, preocupación, angustia, zozobra, congoja.

la tele por un rato.

—Espy traeme tantita azúcar, para el susto—, le ordeno a Esperanza.

La arrullo, le canto todas las canciones de cuna que sé, meciéndola y rezando. Pero la niña llora y llora, nada da resultado, ni el té de manzanilla que le hago con harta miel. Por fin se duerme en mis brazos, la cara hinchada y las mejillas rojas de tanto llorar, dando suspiros por un buen rato mientras duerme. Cuando la acuesto da unos lloridos, pero se calma cuando la mezo en su cuna y tarareo una canción: "Señora Santa Ana, ¿por qué llora Lala? Por una manzana que se le perdió".

Mami y Papi entran cargados con las cosas que habíamos escogido hacía unas semanas: zapatos, ropa y útiles escolares. La niña Azalia está inquieta y lloriquea, pero no despierta hasta la mañana siguiente. Cuando Mami se da cuenta que no mueve una pierna y que está llore y llore, le confieso lo que pasó. Es domingo y la llevan a la sala de emergencia. La bebé Lala regresa con la pierna enyesada. Durante varias semanas golpeará la cuna disfrutando del *pum, pum, pum* que hace el yeso al golpear la madera de su cuna. La doctora espera que la fractura sane sin ningún daño permanente. Pero no lo sabremos hasta que no cumpla quince o dieciocho años, nos dice. Llena de culpabilidad, agonizo durante años.

Azalia es cheerleader en el high school y como porrista tiene que brincar y saltar. Una noche de noviembre, la veo hacer maromas en la pista, brincar y bailar mientras le echa porras al equipo de fútbol americano, los Tigers del Martin High School. Por fin, el susidio se me desprende del alma. En su boda rezo para mí: ya ves Buelí, sí la cuidé.

Ojo de agua

En la foto en blanco y negro que tomó Papi en el ojo de agua de Sabinas, una adolescente delgaducha sonríe hacia el sol, el cabello hasta los hombros captado flotando en el aire. Llevo el vestido que me pasó mi prima Tina, de satín verde brillante, mangas de tres cuartos, cuello ancho y el zipper que siempre se atora. Es un vestido hecho a mano y uno de mis favoritos. El cinto con la hebilla cubierta de tela me recuerda un vestido que Audrey Hepburn lucía en la película *Roman Holiday*, o cualquier otra semejante que ví muchos años después, porque durante esa época sólo veíamos películas mexicanas en el cine Azteca, el cine México de Laredo o en los cines de Nuevo Laredo. Llevo los zapatos de charol negro puntiagudos que tía Luz me compró y que no le parecen apropiados a Papi. No estoy vestida para un día de campo, pero esto fue algo improvisado; paramos a descansar durante la hora más caliente del día y pronto seguiremos nuestro camino. Es un día tan caluroso que siento el calor que despiden las piedras; me paro en una roca del tamaño del caparazón de una tortuga gigante y el calor penetra las suelas delgadas de mis zapatos de señora. Bajo los árboles de aguacate frondosos, cargados de fruta, a lo largo de la rivera, juegan mis hermanitos en el agua fresca del ojo de agua, chapalean. Se han quitado los zapatos y la ropa, y en calzoncitos se divierten. Mi cabello largo se enriza con la humedad, ricitos que encuadran mi cara. Hay una tristeza en mis ojos difícil de comprender. Regresamos de Monterrey, donde he pasado más de la mitad del verano como la nieta pocha consentida de Mamagrande. He disfrutado de mis primas Pita y Chabela, que son menores que yo, y de Tati que es de mi edad, hemos ido al cine con nuestro domingo, que yo conozco como el "allowance" que me da Papi los viernes, el día de pago. He ayudado a mis primas a vender gallinas de la granja de la tía Lucita a los vecinos de la ciudad, contenta de no ser mayor porque las primas mayores, Tina y Lucy, tienen que meter los pollos acabaditos de matar en el agua caliente para desplumarlos. Todavía no lo sé, pero éste será uno de los últimos veranos que pasaré con ellas. Es diferente, me siento más madura. Este año nos paseamos por la alameda y no en los juegos del parque como los niños. Los domingos por la tarde la pasamos platicando con los novios que cambian cada semana, porque no son novios de verdad. Me da tristeza dejar ese mundo, pero anticipo con emoción asistir a Lamar

Junior High y reentablar la amistad con Nancy, mi amiga gringa cuya familia vive en la base de la fuerza aérea de Laredo; Marilú, mi amiga de la primaria; Helen, mi amiga la pachuca[1] que todos llaman Toro, y Tencha, no, Tencha no estará ahí, porque durante mi ausencia se ha casado, así parece decir la nota misteriosa que me escribió Ester. Más tarde me enteraré que huyó con Tony, un muchacho casi ocho años mayor que ella, y que se fueron a Houston a vivir con Cefe, una prima de él. Apenas tiene catorce años. Siento miedo y a la vez curiosidad: ¿cómo será estar casada?, ¿irse de aquí? Papi presiona el botón de la camarita Brownie; los chamacos dan chillidos al fondo. Una urraca grazna posada en una rama seca, suena exactamente como Cande, la vecina de Mamagrande, cuando llama a sus hijos: ¡Caro, Chole, Tano, vengan! Mami anuncia que el clima va a cambiar pronto. Estoy consciente de la plática de los adultos, del agua, siento el calor por debajo y encima de mí, pero todo lo que puedo oír es la advertencia del pájaro negro. Siento un escalofrío y me pongo chinita[2].

---

[1]Persona de origen mexicano que radica en Estados Unidos, que se distingue por su comportamiento y por hablar una jerga parecida a la de los pochos y pochas.
[2]Así se dice cuando la epidermis se enchina a causa del susto o del frío, y se refiere a la sensación de enrizarse el pelo. Se pone la carne de gallina.

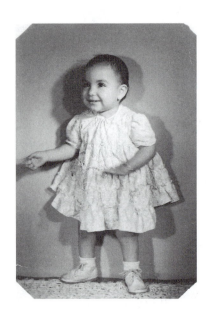

Primeros pasos

A punto de dar un paso en mi primer cumpleaños, con el ojo pelón, gordita y vestida con un traje de satín color de rosa que Mami bordó con flores durante las tardes de ese otoño: 1947, cuando Papi se fue a trabajar al norte, a Gary, Indiana, con los primos Manuel, Abelardo y Modesto. Había estado trabajando de panadero con su cuñado en Nuevo Laredo. Decidió arriesgarse, irse al norte donde, se decía, podías hacerte rico. La panadería no era futuro, o mejor dicho, él no tenía futuro en la panadería. Papi no duró en ese lugar frío y áspero donde todo era del color del cemento, gris y triste, donde sólo podía hablar con la familia y algunos de sus compañeros de trabajo. Por dondequiera, los sonidos del inglés eran sonidos de un motor del que no podía descifrar cosa alguna. Según él, jamás pensó en nada más que en regresarse. Al pisar el suelo de aquella ciudad lejana se sintió en terreno ajeno. Desde que llegó, añoraba su regreso a casa. Tan pronto le pagó al contratista y había ahorrado lo suficiente para mudarnos al lado norte del río, se apresuró a regresar. Llegó en la primavera del 48, preparado para mudarnos a los Estados Unidos, pero no muy al norte, no muy lejos de la familia. Mami platica cómo en esa época que se quedó sola con Bueli, se pasaba los días cosiéndome ropita con cariño, en esas tardes interminables.

Es mi cumpleaños y Mami me lleva con un fotógrafo profesional para tomarme la foto que le mandará a Papi, a ese lugar tan lejos donde la nieve cae del cielo y lo cubre todo cambiándolo a color blanco. Al cuello, una cadenita con una medallita de la Virgen de Guadalupe, regalo de Mamagrande, por ser su patrona. En la muñeca, una pulsera de oro. Estoy a punto de dar mi primer paso.

Tercer año

Tercer año. Escuela Saunders. Para la celebración de fin de año me eligen maestra de ceremonias a última hora, porque Griselda, la niña que está en cuarto año y que habían escogido, se enferma. Aterrorizada me preparo, temo olvidar la plática que he ensayado y memorizado en sólo un día. —No te preocupes— me dice Mrs. Treviño, —si se te olvida algo, léelo, aquí te pongo tu plática en la bolsa, sólo saca el papelito y lo lees—. Y claro, a medias de la plática, al levantar la vista y ver un mar de caras, incluso la de Mami, que se me olvida todo. Saco mi papelito, todo mundo se ríe. Disimulo y continúo, parada de puntitas para alcanzar el micrófono que me queda grande. Como también voy a salir en un número, termino mi discurso y corro a prepararme con mi grupo mientras los de segundo año bailan. Y de pronto nos toca a los de tercero, bailamos al son de la música de *Mr. Sandman*, sin saber siquiera de qué se trata: Angelita, Helen, Marilú, Anamaría, Peewee, todas lucen pijamas nuevas. Yo llevo una pijama verde de tela floreada en color rosa que Mami me confeccionó especialmente para hoy. Todos aplauden y me pongo muy contenta. En la foto somos seis con almohadas como props. Cuando termino con mi papel de maestra de ceremonias me siento con mis amigos. Luego Fidel y Nacho nos persiguen, nos corretean por todo el auditorio. Y cuando los adultos nos callan y nos sosiegan, nos sentamos en el piso frente al escenario. Dahlia muerde a Fidel en el brazo, le deja sus dientes en huellas moradas, rojas. Él llora y llora hasta que Cuquita, su mamá, le dice a Mami que si se enferma vamos a ver. Y me regañan por no cuidar mejor a Dahlia. Tino amenaza a Fidel por ser tan llorón.

Políticos

Puede que sea septiembre cuando caen lluvias tan fuertes que casi inundan nuestra casita, a pesar de que está construida en alto sobre estacas, pero pasan las lluvias y sólo el sol caliente y unas cuantas nubes como bolas de algodón quedan en el cielo azul. Eisenhower visita Laredo y vamos a verlo desfilar por la calle Saunders. Y vemos un convertible a alta velocidad que va de la base aérea hacia el puente, un gringo saludando a las caras cafés de todas las edades que han venido a verle; —¡Viva, Ike!— grita alguien. Pero él no nos oye, parece no vernos bajo el sol caliente de la mañana. Cuando Miss Montemayor pregunta si sabemos quién es el presidente, levanto la mano, le impresiono: Eisenhower, y el vicepresidente es Nixon, pero no nos gustan, no son demócratas; repito en inglés lo que he oído en español en casa. Y Mami y Papi hacen el sacrificio de pagar su poll tax y le dan su voto al compadre que trabaja en la ciudad para que no lo desocupen. Pregunto por qué y me rebelo, no le doy mi voto a la corrupción. Papi se encoge de hombros: —de todas maneras votaríamos por los demócratas y así, si nos suspenden

en la fundición, quizás me den trabajo en el condado–.
Yo no entiendo. Permanezco enojada con la corrupción, los jefes. Los políticos. Nuestro dinero se queda
en sus bolsillos, pavimenta caminos en sus ranchos,
mientras nuestras calles permanecen sin pavimento, se
inundan después de cada lluvia; nuestra biblioteca
pública queda del tamaño de una particular; la tasa de
desempleo y de los que no terminan la secundaria
rebasa el 50, el 80 por ciento. Mientras, los jefes,
alcaldes, sherifes, los altos y bajos funcionarios abusan,
insultan, violan a las mujeres. Veo la desesperación,
las estrategias de supervivencia de los pobres. A los
dieciocho años de edad no lo tolero. A los ocho,
me pregunto qué es lo que hace a los hombres tan
importantes. Me saco buenas calificaciones en mis
clases y por saber los nombres de todos los funcionarios
salgo en el periódico con mister Valle, el director, que
pronuncia nuestros nombres en inglés: *Mureea,
Angeleeta*, a mí me dice *Nina* en lugar de Nena.
Llegamos en el Buick del director, nos presenta al
superintendente, el fotógrafo nos prepara para la pose
en la puerta principal de la oficina del distrito. El sudor
le corre a chorros por la cara roja al superintendente
Nixon. Gotas de sudor en la cabeza pelona de mister
Valle. Años después, ambos han muerto y otros hombres

toman sus lugares. Yo milito contra la guerra en Viet Nam. Milito con los campesinos, marchando por el ERA; me pregunto qué puede hacer una simple trabajadora de oficina: ¿llevar la imagen de César Chávez en la solapa? ¿Leer a Marx?

Nacho

Nacho lanzó la piedra hacia mí. Me escapé, pero sólo logré que se enojara más. Sin embargo, al caer la piedra a mi lado, me pegó la verdad. Era cierto. Me gustaba y le gustaba. Entonces me enojé tanto, que con mi buena puntería y anticipando adónde iba a correr, lancé la piedra y le pegué en el brazo. Corrió a su casa llorando. Mami no podía creerlo cuando llegaron Nacho y su mamá. Reclamaban parados en la galería y no se alejaron hasta que Mami les aseguró que me castigaría. Su madre estaba furiosa y me llamó malcriada y bandida. Yo, mortificada, sólo me ruborizaba y no podía defenderme; hasta que se fueron, sólo entonces no pude detener el llanto. Entre sollozos explicaba: pero Mami, él trato de pegarme primero.

Pregúntales a los demás. Nos estaba haciendo burla, nosotras jugábamos al bebeleche[1] y sólo le tiré la piedra, que era mi prenda en el juego, después de que él casi me pega. ¿Cómo decirle a Mami lo que sentía, el enojo, la humillación, y todos los sentimientos revueltos que

---

[1]Rayuela, juego infantil.

llevaba esa piedra y en mí? Jamás me entendería. Tomé mi castigo, pero a la vez planeaba mi venganza: le escribiría un poema y le llamaría chimuelo chismoso, ¡eso se merece! Y saboreé el gusto de ver que todos se reían de él cuando leí mi poema durante el recreo.

Vaquera

En la foto, Peewee, Angelita, Sanjuana y yo llevamos vestidos largos a cuadros, sonrío, tengo una sonrisa chimuela. De mano de Quico, poso frente al pizarrón con el alfabeto y la bandera de los Estados Unidos a la que le recitamos el *Pledge of Allegiance* cada mañana. Mano derecha sobre el corazón; vivía equivocándome de mano y eso que no soy zurda, pero por algo sentía que la izquierda se sentía más a gusto, que era correcto. Acabábamos de bailar un tipo de square dance en el programa de fin de año. Estreno zapatos negros de charol comprados con el dinero que Mami gana vendiendo vestiditos que cose en la máquina de coser Singer de Bueli. La falda zurcida del vestido esconde los zapatos. El vestido es creación de Mami. Mi pelo chino está recogido con listones blancos y rojos. Quico, como los otros niños, va vestido según la imagen de Miss Montemayor de lo que es un vaquero: lleva un paño rojo al cuello, camisa blanca y pantalón vaquero. Hasta trae botas y sombrero.

Camino rumbo a casa, platicando con Anamaría o conmigo misma, preguntándome como será Chicago, una ciudad que dice dos palabras malas en su nombre, o preocupada por el dinero, o cualquier crisis a la mano; de repente me acuerdo del programa de vaqueros y corro hacia casa para ver qué hay en la tele. Imitando los programas, jugábamos a los indios y vaqueros y nos sentíamos muy western, pero no por mucho tiempo. En el cine Azteca o en el México disfrutábamos de películas con Pedro Infante y Jorge Negrete, vaqueros que cantaban y cortejaban pero que jamás peleaban con los indios. Por televisión veíamos cuentos muy diferentes. En esa época veíamos a Zorro, Hopalong Cassidy, El Cisco Kid, Roy Rogers, El Llanero Solitario; imitábamos los plots de las películas en el monte, al fondo del solar. Todas las tardes nos sentábamos frente al televisor blanco y negro; interrumpían la programación Cowboy Sam y su ayudante, la esposa del gerente de la empresa. Ella, vestida de cowgirl en una cuera[1], con

---

[1]Chaqueta de vaqueta, adornada con fleco en las mangas.

botas y sombrero vaquero, entrevistaba a los chicos que escribían solicitando salir en el show. Escribí y nos admitieron a Tino, a Dahlia y a mí. Tomamos el bos hasta el centro, donde estaba la estación, y lo hice todo sin ayuda de mis padres. —Sí, m'ija[2], nomás acuérdate que tienes que llevar a tus hermanitos—, me dijo Papi cuando le pedí permiso para ir al programa. Y cuando Cowboy Sam y sus programas patrocinaron un concurso, escribí mi primer cuento. Debió ser en tercer año, el recuerdo está borroso. Cada tarde Tino y yo pegados a la televisión espérabamos que leyeran los cuentos que se habían sometido. Al fin, Cowboy Sam leyó mi nombre y el título de mi cuento; pero sólo recibí una mención honorífica, no gané nada. Ni la lectura de mi cuento ni la caja de Coca Cola, ni siquiera los weenies que anunciaba el ventrílocuo con su títere. Recibí por correo los comentarios de los jueces, los que borré de mi memoria. Pero sí recuerdo que el cuento no tenía ningún personaje femenino y el héroe, el protagonista, mató a los malos en un shoot-out donde salvó a su amigo. Nada nuevo ni muy creativo. Era de esperarse por los modelos de cuentos que leía y las películas que veía, y a la vez, mis tíos en Anáhuac, verdaderos vaqueros acorralando el ganado, mis tías viviendo historias que jamás escritor de televisión o de película en Estados Unidos o en México

[2]Mi hija.

se imaginó.

Peewee, Angelita, Sanjuana y yo con nuestros compañeros al lado: Quico, Eziquio, Juan y Margarito, estudiantes de segundo año, bailando square dances, contando, uno, dos, tres, cuatro, debajo; uno, dos, tres, cuatro, debajo. Y la música por el altavoz guía nuestros pasos, es un baile ajeno que hacemos nuestro.

Comadres

Tres mujeres. Vecinas. Comadres, posan frente a la casita color de rosa que parece gris pálido en la foto de aquel año de la inundación. Tres mujeres. Sonríen; ríen a carcajadas y luego con calma, miran directamente al fotógrafo. Tina, la más bajita, rechonchita, en paz con su peso, —es hereditario, no se puede hacer nada—. Concha con el ceño fruncido que desmiente los ojos risueños enmarcados con ojeras, sombras obscuras, casi moradas. Mami, ¿es que se ve a sí misma como la mayor? ¿La más cautelosa? ¿A la que las otras acuden, piden consejos? La que tiene más hijos, más talentos, desde curar a un niño con cólico hasta coser un vestido de novia con todos los de las damas. Tres comadres compartiendo tristezas, júbilos. Cada mañana después de los quehaceres, la ropa tendida en la soga, los frijoles cociéndose en un jarro sobre la llama azul de la estufita de gas, comparten chismes, sueños y chistes, se aconsejan una a la otra, se cuentan sus penas, sus temores.

—No comadre, pos sí, dígale a mi compadre que no se mortifique. Su compadre le ayudará con lo del cesspool. Nomás que se espere hasta que pase la canícula.

—Claro, en febrero, le doy unas podas de mis rosales. Ya verá que le prenden.

—No comadre, no creo que importe si usted está casada por la iglesia o no. Al cabo no fue culpa suya, es que no se podían casar porque el compadre Toño ya estaba casado por la iglesia. Y como no hay divorcio. Pero no se preocupe, está casada legalmente por el civil, así que sí puede bautizar a Toñito. Por si las dudas, su compadre le preguntará al padre Jones, nomás pa'[1] estar seguros.

—No comadre, ya tiene cinco hombrecitos, ¿y qué si le sale otro y no la niña? Es lo mejor. Si su compadre no estuviera tan metido en eso de los cursillos, yo también lo hubiera hecho, pero ya ve cómo se pone. Y lo mejor es que encontró un doctor, porque a veces no hay quién. Tenga fé. Todo saldrá bien.

Y todas las mañanas platicando, y todas las tardes jugando lotería, contando chistes, compartiéndolo todo. Primero son sus hijos que corren y juegan a las escondidas, a la *touch*; luego son nietos que se sientan en un regazo, que lloran por alguna injusticia juvenil o que duermen seguros en brazos de abuela. Cuando entierran seres queridos y cuando dan a luz, se apoyan; le dan de comer a los chiquillos, lavan ropa, barren pisos de

---

[1]Para.

linóleo y solares de tierra asoleados y limpios; a veces el dolor forma lazos más fuertes que la sangre, más hermanas que sus propias hermanas. Zulema, Nicha, Chita. Vecinas. Comadres. Mujeres. Sí, antes que nada, mujeres, compartiendo vida, cuidándose la una a la otra, apoyándose, enseñándose a ser madres, a sobrevivir, a entender, a vivir. En la foto, no son las caras de juventud, de recién casadas, con el pelo negro, tampoco las caras de después, arrugadas y de pelo color plata. No, son las sonrisas de mujeres en plena vida. Miran a la cámara con ojos desafiantes, que ríen, el pelo suelto despeinado por el viento, su solidaridad tan palpable como su amor. Aún está por venir el dolor de perder un hijo, una madre, de una pobreza tan aguda que no hay ni para comer y de enfermedades sin doctores, el dolor de vivir.

En su época no se permite decir te quiero así nomás, pero con sus acciones demuestran ese amor cotidiano de mil maneras. Como esposas jóvenes jugaban con sueños de un futuro sin rienda. Sus hijos serían abogados, doctores; volarían hacia mejores hogares, vidas mejores, a salvo del no tener de cada día, de trabajos duros y sin cesar que apenas dan para vivir.

Envejeciendo hacia la vida celebran los triunfos: cada diploma de graduación, cada boda, cada licenciatura, cada trabajo bien pagado, cada reconocimiento, cada paso adelante las encuentra jubilosas. Lloran por las fallas, los desempleos, los divorcios, los partos no logrados, la droga, los pleitos, las multas, el alcoholismo, las llamadas a la policía, las mudanzas a ciudades lejanas: Chicago, Houston, Dallas, St. Louis. Y lo comparten todo con consuelo, con oraciones, con esperanzas. Vecinas. Comadres. Mujeres.

Desfile

Un fotógrafo ambulante nos toma la foto. Papi me lleva cargada, no he de tener más de un año de edad, pero me siento alta y mayor en sus brazos. Él, delgado, lleva su sombrero y ropa de salir, camisa blanca, recién almidonada y planchadita; yo, cachetona, arropada contra el invierno, llevo una gorra y un suéter, ambos de estambre rojo tejidos por Mami. Es tan confortante, estoy tan segura, me siento protegida. La seguridad es la fuerza de sus brazos. Me cargó tantas veces. En algunas ocasiones no hay fotos. En una imagen aparezco sentada en sus hombros viendo el desfile del natalicio de George Washington, era el tiempo en que todavía desfilaban por las calles del centro; cientos de soldados de México y Estados Unidos marchando. Tambores, trompetas y más tambores, música militar para marchar en fila. Tocan tan fuerte que el tarra-ta-ta-tá permanece en mi memoria y me estremezco al recordar. Los tanques militares, gigantescos. Los soldados, con los cascos en la cabeza, se asoman por las ventanillas. Las niñas de las escuelas primarias de los dos lados desfilan bailando, cantando, muestran su destreza, todas unidas. Y los vaqueros y los indios montados a caballo también van juntos. Pocahontas lleva la llave de la ciudad, saluda con la mano al público y guía su caballo al frente de los demás. Los carros alegóricos, como piñatas gigantescas con las jovencitas en trajes coloniales bordados de lentejuela, brillan con el sol. Los muchachos que las acompañan con pelucas blancas, rígidos como estatuas, vestidos con trajes de satín y encaje, saludan mecánicamente. Al pasar las banderas, los hombres se quitan los sombreros y todos nos ponemos la mano derecha sobre el corazón. Es igual para la bandera de Estados Unidos que para la de México. Pero cuando pasa la de México alguien grita: ¡Viva México!, y todos responden: ¡Viva! Y yo sobre los hombros de mi Papi lo veo todo, lo mantengo en la memoria, la imagen permanece en el tiempo, en mi memoria; soy una cámara.

China poblana uno

Sonriendo, miro directamente a la cámara, con los ojos casi cerrados, haciendo muecas bajo un sol brillante. Debe ser mediodía, pues no hay sombra alguna. Acabamos de llegar del desfile de la celebración de George Washington. Con las manos tomo la falda de

---

[1]Traje típico representativo del estado de Puebla que lleva la mujer en un baile tradicional que se llama: Jarabe tapatío.

china poblana[1] y con un pie apuntando a la derecha, poso para la foto. Mami me tejió trenzas para que sean más gruesas con listones y estambre verde, blanco y colorado, la bandera del soldado. Ha bordado la blusa blanquísima con hilasa de seda, formando flores como las que crecen en el patio: rosas, tulipanes, geranios y hasta las florecillas de los chismes, me hacen pensar en el verano, pero es un día cálido de febrero.

Sé que Raúl está escondido detrás del carro de su papá para hacerme burla. Disimulo. En lugar de sus burlas se oye un chiflido y me da más coraje que si me hubiera gritado sus insultos favoritos: flaca, mojada. No debo moverme, porque Mami quiere que me quede inmóvil hasta que tome la foto. Resisto el impulso de tirarle una piedra, sé exactamente dónde está y con mi buena puntería sería fácil acertar. Y me siento como la Chalupa en el juego de la lotería, como María Félix, Dolores del Río, una estrella de cine vestida con traje típico. De pronto todo se esfuma, como el remolino que se levantó inesperadamente y nos dejó todos llenos de polvo. Una urraca solitaria grita en el calor de mediodía, pronostica un cambio de clima, los vientos fríos que llegarán esa tarde, los mismos que me azotarán la cara al pasearme en la montaña rusa y en la rueda de la fortuna en el carnaval, donde daré una mordida a la nube rosa de azúcar que desaparecerá en dulzura. Entramos a la casita para la comida: sopa de arroz, picadillo guisado, tortillas de maíz recién hechas y Kool Aid de naranja. Mami le dice a Bueli que como voy, el traje de china poblana no me quedará el próximo año; Dahlia lo llevará al paseo a ver desfilar a las niñas. Me dan ganas de llorar, pero no permito que el futuro me arruine el presente. En vez de ponerme triste, pido permiso para comprar algodón de azúcar en el carnaval. Y quizá al jugar algún juego me gane un pollito color de rosa o celeste. Y sí, me lo gano, pero cuando el pollito se convierte en pollo, Bueli le corta el pescuezo, lo despluma y hay arroz con pollo para la comida del día de la coneja[2].

---

[2]Pascua florida o pascua de resurrección.

China poblana dos

Mami no tiene ni los diecinueve años cuando se toma la foto vestida de china poblana, con todo y caballo, en la plaza frente a la iglesia del Santo Niño. Levanta la falda y apunta con el pie como se lo indica el fotógrafo, y el sombrero de charro de ala ancha grita en el bordado: ¡Viva México! Ella, que ni nació en México. Ella, que se fue como a la edad de diez años sabiendo sólo leer y escribir en inglés, porque las monjas en la escuela El Sagrado Corazón, en San Antonio, no permitían el español. Se mudaron a Rodríguez, el pueblito. Formaron otro hogar, la casita de adobe de dos habitaciones y piso de tierra, con el solar de tierra dura como el cemento de tanto barrer y regarlo; número 27, calle Doctor Garza, en Rodríguez, Nuevo León. En ese pueblito aislado y ajeno Mami fue a la escuela, unas bancas de madera en la sombrita de un árbol y el maestro, un socialista, al fin y al cabo era la época de Cárdenas, le enseñaba canciones de un nacionalismo basado en la revolución. Vio a su padre, un caballero, hundirse en la depresión y el alcoholismo; un caballero que escribía poemas y era dueño de un Ford modelo T; un caballero que llevaba a sus dos hijas a paseos y días de campo al Breckenridge Park y de vacaciones a la playa en Corpus Christi. Un caballero que heredó todo lo que tenía al lado mexicano cuando su mamá murió: la tienda en Monclova, Coahuila, y las propiedades paternas en Tamaulipas. Y según las tías, Amada y Mela, todo lo perdió por una maldición que su propia familia le lanzó. Puros celos, puras envidias, cuentan las tías. Cantaba su canción favorita por las tardes en San Antonio, tocando la misma guitarra con la que le llevaba serenata a Bueli allá en Monterrey, cuando la enamoraba. Los tíos de Bueli no permitían que formalizara nada con el foráneo, a fin de cuentas era de Tejas y nadie sabía quiénes eran sus gentes. Claro, Bueli y su mamagrande no podían hacer mucho. La abuela que la crió, que la vio crecer desde que quedó huérfana al morir su madre durante el parto. El padre ausente era telegrafista en el ferrocarril. La abuela sabía que no duraría muchos años más y para proteger a su nieta asintió. En un hogar sin hombres, ¿qué podían hacer? Y claro, Bueli halagada al ser pretendida por un tejano romántico, se enamoró y entre ella y su abuela arreglaron *el robo*, para que se casaran en casa de la comadre Adela por el civil y la iglesia. Pero al poco de estar en San Antonio llegó la revolución y las cosas se pusieron difíciles. Mataron a su tío y al padre también −nunca lo supo de cierto−, jamás volvió a ver a su abuela y muchos años después visitó a la comadre Adela y a sus hijas, sus amigas de la niñez en Monterrey. No pudo ni poner flores en la tumba de su madre. Nadie sabía dónde estaba. A sus propios muertos, los hijos que no llegaron a ser −cuatro perdió cuando todavía ni caminaban, en San Antonio, Corpus− a esos les rezaba a diario y el día de los angelitos les prendía la vela y les ponía una señal en la cera diciendo un rezo por el descanso de las ánimas y de sus angelitos. Encendía otra veladora el día de los muertos para sus padres y sus muertos adultos. Me enseñó a rezarles a todas las santas ánimas. Cada noche, antes de acostarnos, ponemos un vaso de agua para las ánimas perdidas.

—Cuando se te pierda algo, rézale trece padres nuestros a las ánimas perdidas y lo encontrarás.

—¿Y puedes encontrar a las personas extraviadas? ¿A todos los perdidos?— le pregunto. —Sólo si desean que las halles—, me contesta con un brillo en los ojos de color miel. Y me pregunto si acaso trató de encontrar a Buelito, cuando se desaparecía semanas enteras sólo para reaparecer con cuentos de trabajos en Zacatecas o en Chicago. Tal vez no quería que lo encontraran.

Mami, que desde los dieciséis es el sostén de la casa, posa con una mano deteniendo el sombrero de charro, con la otra se levanta la falda bordada con lentejuela para que el águila con la serpiente en el pico se vea claramente en la foto.

Organza verde

La de china poblana es sólo una de las fotos de mi
madre jovencita, en otra lleva un traje de noche hecho
de organza, que parece tela de gasa finísima, y el cuello
ribeteado en negro. Lleva guantes largos, formales,
parece una estrella de cine. La trabajadora de fábrica,
que cose vestiditos de niña durante la semana y también
los fines de semana, cruza el puente bajo el sol de verano que le pica la piel o se abriga contra el frío de

invierno que penetra hasta los huesos. Aborda el tren llena de redes con mandado para su mamá y su hermana. Se va a Rodríguez, a pasear en la plaza los domingos, el viaje de regreso tempranito en la mañana del lunes, una semana más. Años después, baila fox trot y hasta el boogie woogie en el salón de los veteranos, con los soldados que regresan de la guerra. Y trabaja como pilmama[1] con la familia de un banquero. Y sigue sus viajes a Rodríguez, por tren. En el libro de autógrafos, sus amigos escriben dedicatorias en inglés y en español: "To my dearest friend: Roses are red, violets are blue, remember Manuel, he loves you true". "Del cielo cayó un pañuelo..." Una joven sin preocupaciones, con familia en ambos lados del río. El río jamás ha sido barrera, al fin es nacida en Tejas y su tierra yace más allá de las fronteras.

---

[1] Nodriza, niñera.

Margarita

No existe foto para acordarme, pero en mi mente la veo en la penumbra de la madrugada. Despierto y veo a Mami en vigilia, matando zancudos con las manos mientras sus niños duermen cuatro y cinco en la cama. Me vuelvo a dormir con seguridad, despierto de nuevo con el olor del café y el ruido de las voces: Mami, Bueli y Papi en la cocina. Mami extiende los testales[1] del tamaño de tostones −monedas de cincuenta centavos−, para hacer las tortillas de harina que el primo Beto dice son las mejores del mundo. La plática es sobre el dinero o la falta del mismo. Mami propone que sin apartados, sin cuentas de créditos, jamás tendremos ropa, muebles, las cosas que necesitamos. Pero Papi se rehusa a la idea de deberle a alguien. No es su costumbre pedir fiado, a crédito. Se resiste; yo siento su frustración, su orgullo herido. El sentido común de Mami gana y empezamos a firmar por comestibles en la tiendita por la calle Saunders: harina, frijol, picadillo. Compramos un set de enciclopedia, una máquina de lavar de rodillos en Sears.

---

[1]Pequeñas porciones de masa.

Apartamos ropa para la escuela, para navidad, pero no pedimos cosas que no necesitamos, ropa que está de moda y lo que otros llevan a la escuela. Remendamos la ropa. Mami cose vestidos, se los vende a las vecinas, ahorra lo que gana y salimos adelante. Queremos lo que otros tienen, pero no nos atrevemos a pedirlo.

A los veintinueve años, Mami se ríe, juega con Margie, le sopla espuma lanzando burbujas al aire. Margarita es la primera que nace en el hospital, gracias al Blue Cross de Papi; Margie con su cabello largo, volando al viento, no lleva más que un calzón hecho de la tela del costal de harina. Concha le dice *La sirena*, porque le encanta el agua y con su cabello largo parece la sirena de la lotería. Persigue las burbujas riéndose bajo el sol caliente de la mañana. Corre descalza: —más, Mami más—, le grita. Y Mami recoge un puño de espuma y le sopla más burbujas al aire. Mami. Su vida formada por risas y llanto; llora hasta no tener lágrimas cuando matan a Tino, cuando Margie se divorcia, cuando me voy la primera vez. Sufre todos nuestros infortunios; cuando das a luz a once hijos y pierdes otros dos, no tomas la vida, las mortificaciones levemente. Ella sabe bien que cada día trae sus penas y sus júbilos; que cada día acarrea risas y llanto, como el sol y la lluvia.

El cochecito azul

Voy en el cochecito que vino con nosotros del otro Laredo. Una Bueli joven lo empuja. Porta vestido de los años cuarenta con zapatos de hebilla. Su pelo recogido en trenzas que forman un chongo[1]. Mi recuerdo de todo excepto, del boguecito[2], es como en la foto: blanco y negro. Pero no el bogue, es el color de mi abrigo

---

[1] Moño de pelo.
[2] Cochecito.

cuando tenía 16 años. Cuando vi el abrigo en J.C. Penney me enamoré de él. Gasté en ese abrigo todo lo que había ganado trabajando en el periódico local. Años después, me di cuenta de que el abrigo me recordaba el boguecito de mi infancia. Metal pintado de azul con detalles de madera. Lo usamos todos hasta que nació Margie, como mi periquera —la silla elegante de madera que se convertía en carrito— y la cuna que se mecía, que Papi pintaba para recibir a cada nuevo bebé y que decoraba con calcomanías de conejitos, gatitos, perritos, cachorros y demás animalitos; para cada nuevo parto las cosas se usaban y se reusaban, muebles de niños y otros también. El pupitre antiguo de Papi se convirtió en nuestro escritorio. Era allí donde guardaba libros y sus cursos de correspondencia: electricista, mago, mecánico automovilístico. Sueños de lo que quería ser. Guardaba, además, algunos libros de chistes colorados que escondía lejos de mis ojos. Un día lo sacudió, sacó todas sus pertenencias y se lo arregló a Tino para sus cosas de la escuela.

En la foto aún soy una bebé gordita, con cachetes llenos y poco pelo bajo la gorra; no sé lo que está pasando y me intereso más por los adornos y juguetes del bogue, pelotitas de madera —rojas, amarillas, verdes, azules— ligadas con un alambre como decoración y juguete a la vez. Mami, una mujer joven, toma la foto. Tenía veintiún años cuando nací, ¿es que se ve a sí misma en diez años con cinco niños más? ¿Veinte años después y diez hijos?

La boda de Lola

Es una boda. Es la foto tomada cuando salieron de la iglesia del Sagrado Corazón en Monterrey. Toda la familia paterna está ahí. ¡Lola se casa con Pepe! En casa de tía Chacha he visto un cuadro de mi prima que pintó el novio. −Debe ser que está enamorado−, dicen todos. En mi mirada de niña de diez años, Lola es bellísima, con su cutis de alabastro parece la Virgen María en la estatua de San Luis Rey. Su cabello, de color

ámbar y sus ojos verdegris, ruiseños, me impresionan.
¿Acaso él es un artista famoso? ¿Se quedarán enamorados para siempre? Tati, la hermana menor de Lola, es pajecita igual que la hermanita menor de Pepe. Tati es sólo un mes menor que yo, pero al ser parte del cortejo se porta como mayor. Es invierno, las damas y las niñas llevan vestidos de color rosa obscuro. Mis padres son padrinos de cojines y entran a la iglesia antes que todos; ponen los cojines frente al altar, en el reclinatorio donde se hincarán los novios. Mami va vestida de terciopelo negro, tan suave como la piel de un gatito, la blusa es de satín rosa, bajo un encaje grueso negro, elegante como actriz de cine. Y aunque es 1957, los sombreros no son más grandes que una diadema y el de ella tiene una tela finísima que le añadió; es una corona sobre pelo recién rizado con permanente. Papi, con su traje nuevo para la ocasión, deja un olor a lavanda cuando pasa por el pasillo. Ninguno de mis hermanos ha venido y yo me porto como grande, pero tía Chacha insiste en que me siente en la mesa de los niños en la recepción del salón elegante alfombrado en rojo y la pista de baile de mármol.

Treinta años después, cuando muere Pepe, Lola me visita en Madrid para olvidar su dolor, llora al escuchar a Rocío Dúrcal cantar *Amor eterno* en un concierto al aire libre. Se pasa las horas recordando lo bueno y lo malo, las mudanzas a Chicago y la panadería Nuevo León en el corazón del barrio Pilsen —con el mejor pan dulce de Chicago—, y de regreso a Monterrey, al negocio del restaurant y a Sabinas —el restaurant al lado del ojo de agua—, y de vuelta a Monterrey y una vez más, al fin, a Laredo y la parada de trailers con el mejor chicken fried steak en el sur de Tejas. Pepe, siempre el empresario, siempre en negocios, siempre amándola, enamorado de ella, de eso está segura. —Nos quisimos tanto—, y se lanza en un cuento que siempre termina en llanto. Casi todos los hijos, ya mayores, casados, el menor de doce años la acompaña a España, necesita un padre. Lola, a los sesenta años, regresa a la casa de su mamá, trabaja parte del tiempo, juega bingo en el salón por la IH35 con el rótulo gigante que dice Border Bingo. Está en casa. En una casa totalmente diferente a la que dejó en Monterrey para dirigirse a la iglesia del Sagrado Corazón, donde su papá la tomó del brazo y la encaminó hacia su futuro. La casa de pisos de mármol y ventanas grandes con paredes cubiertas de papel europeo. Ésta tiene piso de cemento cubierto con linóleum y paredes de sheetrock pintadas color de rosa; el polvo lo cubre todo, las chucherías que le han traído los nietos: un jarrito para los palillos dice Epcot Center, una campanita que dice Six Flags y el cenicero verde chillante de cerámica que le hizo Pepito en la escuela y que dice: I love grandma.

En las tardes calientes del sur de Tejas, con el aire acondicionado como arrullo, se duerme cada noche y sueña con viajes a Las Vegas, con Pepe, con los bailes en la Cueva Leonística en Monterrey, recinto exclusivo, y en sueños regresa a los meses de noviazgo, cuando posó para el cuadro que le pintó su prometido. Recuerda a su madre furiosa por sus rebeliones de adolescente, su padre tolerante y comprensivo, perdonándole todo a su hija, la del corazón de oro.

Mase

Maximiano. Para muchos simplemente Max. Para nosotros tío Mase, el primo de Mami, el padrino de primera comunión de Tino. En la foto, padrino y ahijado posan frente a la puerta principal de la iglesia San Luis Rey. Tío Mase de traje obscuro, con la mano sobre el hombro de Tino. Tino vestido de blanco con la vela, el libro y el rosario, sonríe a la cámara. En la foto formal de estudio, la sonrisa de Tino refleja la sonrisa sincera de tío Mase. Es a la familia de Mami a quien Tino se parece, a Buelito. En el velorio de Tino, Mase solemnemente les da el pésame a Mami y a Papi. Ya habían llorado juntos en casa, en esa temporada entre la noticia y el hecho, cuando todos esperábamos, llorábamos, pero aquí es en público. Sólo algunos podemos ver que se le escapan lágrimas al hincarse frente el ataúd sellado, al ver a Tino por el cristal. A todos nos dolía no poder tocar el cuerpo una vez más, bajo el cristal grueso sólo vemos el cuerpo sellado, la cara calmada, el uniforme militar verde, imponente.

En la foto, un Mase mucho más joven; un Mase de antes del matrimonio, de antes de la guerra de Korea, de antes de la vida de adulto. Mami y su primo, sentados en la banca de hierro verde en la plaza de Nuevo Laredo, disfrutan la oportunidad de sentarse un rato a platicar. Un fotógrafo de la calle los hace reír creyéndolos novios. Sus hermanas, Nicha y Lupe se han alejado, no quieren ser fotografiadas. Unos meses después, Mase parte hacia el frente de la guerra. La familia se mortifica, reza, espera con esperanza. Tía Chole reza el rosario a diario para que regrese sano y salvo, acude a misa cada mañana a las seis al Divino Redentor; un ritual diario que funciona, pues sí regresa y ella cuelga la foto de soldado con sus medallas en la pared de la salita de la casa de dos cuartos por la calle Guadalupe. Cuando muere la tía todo permanece igual. Sus hermanas, Amada y Mela se mudan ahí. Ahora, han enterrado a tío Mase y nada procede como se planeó. Cuando tía Chole adoptó al hijo de su hermano, la hija, Lupe, se fue con otra tía, pelearon las hermanas Mela y Amada. Pero ella era la única casada en ese entonces y no entendía cómo se les ocurría a sus hermanas que podrían cuidar un bebé. Mase se convirtió en el centro de su mundo. Con frecuencia dejaba que la gente pensara que era su propio hijo, nacido de su propio cuerpo. Amada y Mela jamás permitieron que olvidara que era una usurpadora. Con su GI bill Mase estudió. Se lanzó con un negocio de imprenta y se casó con Lucía, su novia de high school. Tuvieron ocho hijos: siete hijas y Junior, el varón, el menor. Fueron muchas las tardes de sábado que pasamos en su casa. Después de cenas con carne asada, el postre, heladitos que preparaba la tía Lucía en el freezer de la hielera —leche y té de canela en cubitos de hielo con palillos para tomarlos mejor—. Mientras Mami, tía Lucía y Bueli platicaban, tío Mase y Papi veían la lucha libre en la tele; nosotros jugábamos afuera a la *touch*, la *roña* o a los *retratos*. Jugábamos *bebeleche* cuando podíamos dibujar el diagrama en la tierra. Al obscurecer pasábamos a los juegos de *el bote* o a las *escondidas*, ocultándonos debajo de la casa en la tarde que se acaba-ba, con miedo a las arañas y los escorpiones, pero más que nada a tía Lucía, quien se lanzaba contra cualquier infracción y nos castigaba de mil modos. Sus propias hijas eran las víctimas de sus castigos y buscaban refugio en su padre pues con su comprensión y bondadoso corazón, todo les perdonaba.

Nuestras invitaciones de graduación, fotos guardadas con esmero entre sus cosas en el taller. Se había jubila-do, pero en ocasiones especiales aún imprimía invita-ciones de boda o anuncios de bautizo. Sus dedos, per-petuamente teñidos por la tinta de su oficio. Me encantaba esculcar en su taller al fondo del solar. El olor a tinta, a papel, olor a palabras recién impresas. Negras como la suerte en el blanco, color de cascarón, de los anuncios de bodas. En mi corazón guardo la imagen de él cuando fuimos, Mami, Papi y yo a pedirle que imprimiera mis invitaciones para mi quinceañera: el sudor le corre por la frente y los brazos, viste camiseta blanca y pantalón café. El cinturón de piel se obscurece con el sudor. El abanico eléctrico en una esquina del taller sólo ventila el aire caliente pretendiendo ofrecer alivio del calor opresivo de la tarde.

Casi treinta años después, una tarde de mayo, lo veo tranquilo donde yace para siempre. Le doy el pésame a la familia, de abrazo a las que conozco —Lucy, Fela, Sara—, y de mano a las más jóvenes que no. Las más jóvenes no recuerdan nuestras visitas, sólo los juegos en nuestra casa por San Carlos los domingos, jugando con mis hermanitos. Pero Lucy, Fela y Sara sí recuerdan. Tía Lucía con su pelo teñido de negro, sentada entre su mamá y sus hijas, con los nietos alrededor y su cuñada Lupe que regresó de Chicago con su esposo, con cuentos de cuando eran jóvenes, comparando recuerdos de cómo era yo de niña a los ocho años, su propio hijo unos cuantos meses menor que yo, casado y con cuatro hijos y tres nietos en Chicago. Y claro, las tías Amada y Mela, a los noventa y aún viviendo en la casa antigua con las paredes tapizadas de fotos, recordando al joven Mase en la secundaria, con su uniforme de soldado. Mase. Sus yernos, el Anglo, esposo de la mayor, Lucy, su hijo, el primer nieto, una extraña mezcla de lo irlandés de su papá y los rasgos mestizos de Lucy. Y cierta mirada. Los otros, Juan, Luis, Ovidio de luto por su suegro que fue como un padre.

Al ver la foto borrosa de un sonriente tío Mase en la esquela en el *Laredo Morning Times*, oigo su risa profunda y su voz dulce de mango: ¡Es todo! y Way to go! Siempre animando, siempre orgulloso de todos nosotros. Su legado para sus hijas y una sobrina distante: su risa, su fuerte y seguro apoyo. A veces parece que aún siento el sabor de los heladitos de canela y leche derritiéndose en mi boca sedienta entre los juegos de bebeleche y de las escondidas. Y su voz mezclando el inglés y el español, tan diferente a la de Papi en español. Saludando: Quihúbole[1] primo; su cariño por Mami en su clara despedida: See you later, prima, cuídese.

---

[1] Qué hubo.

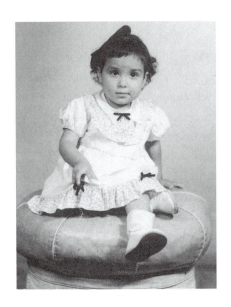

Nena a los tres

La niña de tres años mira hacia un lado de la cámara, probablemente hacia su padre que le enseña unas llaves para hacerla reír o por lo menos sonreír. Lo hace y el fotógrafo toma la foto, la imagen de la pequeña vestida de amarillo. Arracadas de oro, una cadena dorada en la muñeca gordita, adornando el vestido, un listón de terciopelo negro al cuello, mangas cortas abombadas y una faldita de olanes cubre sus piernitas gorditas. Luce botas de piel blanca, sentada en el cojín como en un trono. Su mano sobre la rodilla, tienta el piqué suave amarillo y sonríe con todo su cuerpo.

Su mamá le cepilló el cabello y la peinó cuidadosamente; el apartado separa los caireles, un bucle como corona sobre el fleco trasquilado. Yace el silencio en el estudio fotográfico. Sólo las voces: su madre susurrando, su padre con voz burlona, la llaman. Dicen su nombre y le piden que se ría: Nena, ríete, ríete, mira Nena, mira para acá... Parados al lado de la caja negra con patas largas. El fotógrafo se esconde bajo una cortina negra y de repente, depués del flash de luz deslumbrante como jamás ha visto, sale, así como de la nada, sonriendo. Las paredes negras, las luces brillantes, el flash la asustan y la hacen llorar. De la sonrisa de la foto va hacia los gritos de temor y los sollozos. Su padre la toma en brazos: Ya, ya, no llores, ya pasó.

"A la edad de tres años", se lee en la inscripción de la foto enmarcada en negro que Tía Nicha tiene en la repisita de la esquina de su sala.

Mami tiene otra en una caja de zapatos y hay otra foto en el álbum que Esperanza arregló un verano. Llevo esta foto conmigo. Tengo sólo tres años y debe ser importante. Fui una niña feliz, recuerdo que llevaba el vestido amarillo en misa y trataba de desatar los

moñitos de listón negro de terciopelo, los moñitos que
adornan la falda. Tan feliz como cuando monto los
caballitos en el carnaval o como cuando como un pirulí, la felicidad de la inocencia; sentirse valorada,
amada. Tengo la mirada triste, como si pensara en el
dolor, lo perdido, los pesares por venir. Curioso como se
escurre algo de tristeza en la mirada, aun en la cara
de la niña de tres años. El sentimiento de una soledad
futura se cuela desde el pasado. ¡Oh, qué mirada tan rara
en una niña de tres años! ¿Es que acaso a los tres uno
sabe lo que vendrá? Todos esos hermanos, hermanas, el
trabajo, las mortificaciones. ¿Qué le pasará a la foto
cuando yo me vaya? ¿Quién recordará a esa niña triste?
No habrá quien piense en su madre con cariño al ver
la foto. La foto, el montaje de un día fresco de enero
cuando cumplí tres años.

La última piñata

Estamos en el solar de la casa celebrando mi cumpleaños. En primer plano está la piñata en forma de pastel, la soga para la ropa directamente frente a la cámara. Los vecinos, los primos y primas, mis hermanitos y hermanitas me acompañan. Al fondo está casi terminada la cocina que Papi está construyendo, añadiéndole a la casita de cuatro habitaciones. Los adultos: doña Carmen, Concha, Romana, Tina, tía Nicha y los demás invitados sentados platican y se ríen. Mami me ha colocado en medio de todos los niños, llevo el pelo rizado como corona, las piernas flacas que terminan en calcetines blancos y zapatos de charol negro. Esperanza apenas tiene tres años y está a punto de irse del grupo, como que le interesa más algo fuera de lo que captó la cámara. He perdido la foto, no sé dónde se encuentra; en alguna de mis muchas cajas con fotos o en alguno de los álbumes de Espy, tal vez. Pero la foto permanece limpia y nítida en mi memoria. Recuerdo el vestido que estrené: falda plisada de tela a cuadros, rojo y blanco en fondo azul, cuello blanco de piqué. Es de tienda y no hecho por Mami. Se lo compramos a doña

Carmen, que vende ropa de las tiendas del centro. La compra y revende más caras. El júbilo total del día permanece a color en mi mente, aunque la foto fuera de foco y en blanco y negro no existe. Es un domingo por la tarde. Mami ha echado la casa por la ventana para celebrar mi cumpleaños y el de Esperanza —la fiesta estratégicamente ubicada entre los dos cumpleaños—. No me explico por qué siento lo que siento o por qué recuerdo esta foto con tanto detalle. Tal vez es que, al saber que era mi última piñata, añoraba el pasado. Lloré sobre el cake, al apagar las velitas. Ni mi fiesta de quinceañera se compara. Pero ese es otro cuento y otra foto, tomada en el patio del frente de la casa.

Comuniones

Es mi primera primera comunión; en dos semanas
haré mi segunda primera comunión. Papi lo creyó chis-
toso, pero sólo después de regañarme por confundir las
fechas y hacer que tía Luz viniera a ser mi madrina con
dos semanas de anticipación. Trajo lo de costumbre de
Monterrey: leche quemada, quesos, semitas de
Bustamante y claro, tortillas recién hechas, junto con lo
requerido para la primera comunión: una vela larga y

bella de cera blanca con florecitas rosas y hojas verde pálido acentuando la base; un libro, en la portada aparecía una niña güera[1] recibiendo la comunión de un Jesús vestido con capa roja y de pelo largo. Casi todo el texto estaba en español, pero la misa estaba en latín, letras rojas para lo que decía el sacerdote, negras para lo que decían los monaguillos. El próximo año Tino hace la comunión y se convierte en monaguillo y yo memorizo el credo con él y el *pater noster* y la *gloria in excelsis*, todo en latín igual que las demás respuestas: *kyrie eleison et cum spiritu tuo.* Mi primera comunión. La regañada y todos los preparativos disminuyeron mis temores de recibir a Jesús por primera vez, un concepto que jamás entendí. Confesé los mismos pecados una y otra vez por años y años: le pegué a mis hermanas y a mi hermano, desobedecí a Mami, eché mentiras, no recé. Ese día caminé por el pasillo principal de la iglesia sola, vestida con la creación de Mami, un vestido largo de organdí y el velo suspendido con una diadema, corona de azahares pequeños como una novia, dijo Bueli. Posteriormente, en el estudio fotográfico Serrano, obedezco las instrucciones del fotógrafo, sonrío y miro a un lado, hincada en el reclinatorio, en mis manos, la vela, el rosario, el libro todo, exáctamente

---

[1]Rubia.

como lo dicta Serrano para la foto. Tía Luz dice: es fotogénica; y aprendo otra palabra.

Dos semanas después entro a la iglesia con mi grupo de doctrina. Sister Consuelo nos dirige hacia el altar. El Padre Jones me guiña el ojo cuando me ve. Cierro los ojos antes de recibir la hostia, que sabe a papel. Tía Nicha es mi madrina de mi segunda primera comunión. Ese domingo en mayo, regresamos a casa y desayunamos cake y chocolate, como si fuera en realidad la primera vez que recibo a Jesús. Veinte años después, cuando voy a las misas modernas donde la comunión es el pan que yo hago y el vino que Bill hace, recuerdo y trato de contar cuántas veces he hecho mi primera comunión.

Panchita

Panchita nos visitaba cada semana con bolsas llenas de encargos, recogía dinero que se debía en mercancía que había fiado; era nuestra Avon Lady, pero en vez del ding dong de la puerta oíamos: Ave María purísima, y Mami o Bueli, quien estuviera cerca contestaba: Sin pecado concebida. Panchita también llevaba productos Stanley, ropa, chucherías que se pagaban a dólar por semana. En lugar de pago en efectivo, a veces aceptaba Gold Stamps, los sellos de oro, o del S&H Green Stamps, pero sólo libritos llenos de sellos, con los que compraba lámparas, adornos de pared, vasijas y un montón de necesidades que luego revendía a sus clientes.

En la foto, aparece sentada rodeada de sus estudiantes preescolares en la escuelita donde enseñaba los alfabetos —inglés y español— los números, los colores y versos infantiles. Enseñaba lo mismo que había aprendido de niña en una de las primeras escuelitas de los años veinte. Aprendió a leer y escribir en español, y fue maestra en una tradición que casi desapareció con Head Start. Desde mi salón de segundo año, podía ver su escuelita y a sus estudiantes jugando en su solar. Les daba galletitas y Kool Aid tibio durante el recreo. Una vez, una de sus estudiantes, mi hermanita Dahlia, enojada por algo se escapó durante el descanso. Estaba a punto de cruzar la carretera rumbo a casa cuando la divisé desde mi salón, corrí a alcanzarla y la regresé a su escuelita. Iba llorando y pataleando, pero al llegar con Panchita se apaciguó. Mi maestra, Mrs. Treviño no me dijo nada cuando regresé a mi pupitre, toda enojada y molesta por el correr y el forcejeo con mi hermanita.

Panchita era viuda y crió a sus cuatro hijos con lo que sacaba de las ventas y la escuelita en el barrio las Cruces, al cruzar la calle Saunders, a unas cuantas cuadras de la iglesia San Luis Rey. Paco, el mayor, le traía malas calificaciones: F en matemáticas, en inglés, en ciencias sociales, hasta en educación física, y le decía que la F significaba *fine*. No la engañaba y Panchita contaba el cuento como chiste, haciendo reír a todos. Unos veinte años después cambió de religión y llamaba a todos hermana y hermano. Se había convertido en *aleluya* para que Paco cambiara, dejara de tomar y de pegarle a su mujer y a sus hijos. Leía la Biblia a todas horas; Mami al fin le dijo que ella no creía tanto en leer la Biblia sino en vivirla. Panchita ya no regresó. Años más tarde, cuando asistía a misa diariamente para que Tino regresara sano y salvo de Viet Nam, la vi sentada en una banca al fondo de la iglesia. A pesar de que me saludó, creo que no me reconoció.

Panchita, la dama del Avon, sonríe en la foto, su hija Irma a su lado, Paco sentado a sus pies. Ella sentada con las manos cruzadas en su regazo y sus estudiantes alrededor. Dahlia paradita a su lado voltea un piecito hacia dentro, con las manos a la cintura, desafiándolo todo.

Vello

Una adolescente torpe, vergonzosa y reservada con la cara hacia la cámara; llevo una blusa de color maravilla en flor, es de algodón y sin mangas. Mi foto de octavo año. No hay muchas de esa época en la que sufría los dolores del desarrollo. De hecho, me daban calambres en las piernas que me mantenían despierta toda la noche y Mami me frotaba con aceite volcánico, un linimento apestoso para caballos. También padecía los dolores más sutiles pero no menos dolorosos —para los que no existía ningún ungüento—, de tener trece años y ser víctima de tantos cambios. Leo novelas en la cafetería a la hora de la comida. Cerquita de mí, Sarah, hija de la familia judía con la que trabajaba Mami antes de casarse, habla con Susana y Janice con una voz fuerte y clara para que yo pueda escucharla: —Lo que yo sé es que si no te sacas las cejas y traes las piernas y los sobacos velludos, pareces hombre—. Chorros de lágrimas me corren por las mejillas ruborizadas mientras corro al baño donde algunas de las pachucas están fumando. Les cuento todo lo que he escuchado: —Me están atormentando para que me saque las cejas y me rasure las piernas—. Hablamos de ellas como si fueran de otro planeta. —No les hagas caso a esas pendejas—, dice Rita, que volvió el año pasado del norte poniéndose maquillaje y echando maldiciones. Su trenza gruesa, amarrada con un elástico rojo es todo lo que veo mientras sollozo y controlo las lágrimas. Me siento confusa, desgarrada, estas mismas pendejas a veces son mis amigas y hacemos proyectos escolares juntas. Voy a sus casas lujosas en Las Lomas y me asombro de que sus padres no estén en casa, de que manejen coches, de que crucen a Nuevo Laredo, de que tomen y fumen. Estoy confundida pero le creo a Rita: no saben nada. Mami no se saca las cejas ni se rasura, tampoco lo hacían sus comadres, sólo hasta mucho tiempo después. Muchas compañeras chicanas se comportan como gringas, pero mis amigas, las que viajamos en el bos de la Saunders, no nos rasuramos todavía ni mucho menos nos sacamos las cejas ni nos ponemos maquillaje, nuestros papás nos lo prohiben. Suena la campana y mientras camino a la clase de inglés, a tomar la prueba de los viernes, voy con la frente en alto, como la protagonista del libro que estoy leyendo, *Head High, Ellen Brodie,* le murmuro a Rosario, la única otra en la clase acelerada: a que les podemos ganar. Me doy cuenta de que se sonríe aunque no le puedo ver la cara, se le sonrojan las orejas con las arracadas mexicanas y en silencio asiente con la cabeza como diciendo: ándale. Y las dos sabemos a quién me refiero y lo hacemos. Pero es la composición de Susana la que escoge Mrs. McDonnell para leer el lunes, como ejemplo de un buen trabajo.

A los dos años es el mismo grupo. Ahora llevan zapatos con piedritas preciosas. Le ruego y le ruego a Mami por un par de zapatos de piel con cuentas brillantes rojas, verdes y amarillas como los de Lydia. Cuando por fin me los compra, Papi quiere que los devuelva: Son zapatos de puta, no de niñas decentes. Pero Mami está de mi parte, después de todo, fue su dinero el que gastamos en los zapatos, así es que me quedo con los zapatos pero casi no los uso. A la iglesia y a la escuela llevo mis *loafers* viejos color *sangre de buey*, desgastados por el uso, se ven viejos aun cuando están boleados. Insisto en que los calcetines sean blancos para estar a la moda. En la foto de quinceañera llevo desafiantemente los zapatos con las cuentas de colores. En la foto estoy sentada en el patio de enfrente de la casa rodeada de amigas y familiares.

Declamación

Declamación, a los tres años me ponen en el escenario de la iglesia Mother Cabrini y miro hacia el público: nuestros vecinos, el sacerdote, las monjitas. Papi es el maestro de ceremonias y yo declamo poemas para el día de las madres que me enseñan en la escuelita de la señora Piña: Si vieras mamita, qué lindas flores/ amarillas, azules, de mil colores/ aquí las veo abiertas/ acá en botón/ pero todas alegran mi corazón, y Un día por la mañana, me decía mi mamá,/ levántate Azucena, si no le digo a tu papá/ y yo siendo niña de carta cabal, me quedaba calladita/¿qué no me oyes lucero? ¿Lucero? ¡Si ni candil soy!

Años más tarde, en la clase de inglés en la escuela Mirabeau B. Lamar, Mrs. McDonnel requiere que memoricemos un poema, Invictus, es una declamación que presento. −No, no, no−, me interrumpe con voz enojada apenas empecé, −Dark as the pit from pole to pole−, levantando la voz con los ademanes, −This is a reading, not a dramatic performance−. Intento una vez más tratando de imitar la lectura aburrida −según yo− que acaba de hacer Sarah. Pero es inútil, las palabras se han esfumado; sin los ademanes para acordarme las palabras se esfuman de la mente. Sin las manos, la cabeza y todo lo demás no puedo recitar el poema. Así como cuando confundo cómo deletrear John –jamás entendí por qué si es ghost, no puede ser Jhon–, imposible. Tuve que regresar a mi asiento, intentarlo una vez más al día siguiente. Me costó diez puntos no estar preparada para la lectura cuando estaba programada. Pero la humillación fue mayor por no estar preparada que por sacar 90 en lugar de 100 puntos.

Y en casa declamando para año nuevo y para las fiestas. Tino y yo compitiendo con nuestras capacidades de memorizar, a ver quién se memorizaba el poema más largo y recordaba la letra de más canciones en inglés y en español: *El brindis del bohemio, The Raven, Por qué me alejé del vicio, Anabelle Lee, El seminarista de los ojos verdes*; y así seguimos por la secundaria, cuando nos poníamos a escribir la letra de nuestras canciones favoritas: *La cama de piedra, México lindo y querido, Sad Movies Make Me Cry, Go Away Little Girl, Angelito*. Pero empezamos a escuchar música en inglés: Righteous Brothers, Andy Williams, The Platters, grupos como los Rolling Stones y los Beatles. Algunos cantantes y grupos en español: Alberto Vázquez, Carlos Guzmán, Sunny Ozuna y sus Sunliners. Nos olvidamos de nuestra declamación, de nuestros concursos: demasiado infantil, demasiado cursi, demasiado español. A veces me pregunto a mí misma si acaso él pensaba en esos poemas cuando escribía poesía en Viet Nam. Cuando escucho a una sobrina o un sobrino declamar en algún evento de la escuela, se me ensancha el corazón con las palabras, los gestos, los ademanes y se me escapa un suspiro. Aunque mi hermano y yo fuimos buenos, nadie le gana a la prima Mane, ella estudió en Bellas Artes y ahora da talleres para las maestras que deseen enseñar a sus estudiantes el arte de la declamación.

Doña Carmen

Doña Carmen y don Vicente Baca vivían al cruzar la calle San Carlos y no tenían hijos. Ella, alta, morena y tan gorda que parecía ser tres veces el tamaño de Mami. Él, güero y pequeñito, parecía ser la mitad del tamaño de Papi. Él trabajaba en el centro en la tienda Salinas Fine Fashions hasta que se jubiló con pensión. Ella se quedaba en casa, era ama de casa, pero no dejaba de hacer la lucha. Vendía ropita para niños, cortes de tela por yarda o metro, que Mami compraba a pagos para cosernos vestidos para el día de la coneja, navidad o para el regreso a la escuela. Vestidos, faldas y blusas para las niñas, y camisas y pantalones para los niños, mi hermano y mi primo. Doña Carmen daba las mejores posadas[1] en las pascuas navideñas. Mami fue la madrina un año. Le confeccionó un trajecito de tul blanco al niño Dios bordado de seda blanca, lo completó con gorrita y zapatitos tejidos, todos ayudamos en los preparativos,

---

[1]Representación de los nueve días de peregrinación de José y María al llegar a Belén a pedir posada, cuando estaba a punto de nacer, Jesús.

aunque siempre lo hacíamos fuera quien fuera la madrina. Desde la tamalada[2] de nochebuena —el acostar al niño cantando los villancicos, y después cuando los niños insistían, en inglés también—, el champurrado y bolsitas repletas de cosas buenas: colaciones, naranjas, nueces, ojarascas, y las colaciones y dulces mejicanos que llevaba la piñata que Toño, el mayor de los niños del barrio, quebraba cada año. Sí, la posada de doña Carmen era la mejor. El seis de enero preparaba la Rosca de Reyes con un muñequito pequeñito, y a pesar de que la costumbre dicta que el que encuentre el muñequito en su pedazo de rosca tiene que brindar la fiesta el dos de febrero, el día de la Candelaria, doña Carmen siempre hacía la fiesta, aunque no tan grande como la posada. Mami siempre nos inculcó que diéramos gracias al adorar al niño Dios en la levantada y al acostar al niño. Yo le daba gracias a Doña Carmen.

---

[2]Preparación de comidas típicas de navidad, en especial tamales y champurrado —bebida de maíz y chocolate—, donde también se regalan dulces tradicionales como colaciones y galletas cubiertas de azúcar y canela que se llaman ojarascas.

Bolitas

Cuando cumplí ocho años, doña Carmen me regaló un corte para mi cumpleaños. Bolitas de todos colores salpicadas por toda la tela, parecen dulces de navidad, colaciones en piqué blanco de algodón. Mami nos cose vestiditos. Escogemos el modelo del Sears Catalogue. En la foto, Dahlia, Esperanza y yo llevamos puestos nuestros trajes nuevos para el día de la coneja, Easter dresses que Mami adornó con espiguilla en el cuello y la bastilla, tres hileras, rojo, azul y verde, un color para cada una de nosotras. En esa foto blanco y negro, tenemos las canastas llenas de dulces y cascarones, tan coloridos como el confetti que los llena. Ya nos comimos los pollitos amarillos de bom bom tan empalagosos que le duelen los dientes a tía Nicha y nos manda traerle un vaso de agua. En nuestros vestidos que hacen juego, sonreímos a la cámara. Desmentimos guerras futuras, pleitos por ser independientes, los dolores de madurar, Dahlia se muerde las uñas, Esperanza y Dahlia pelean furiosamente durante la secundaria. Yo con mi insoportable posición de hermana mayor. Tres hermanas buscando nuestras identidades tan diferentes como el cabello sobre nuestras cabezas: Dahlia lo tiene lacio, liso, color pelos de elote, miel de colmena; Espy, lo tiene negro como el carbón en rizos grandes y sólidos, y yo con mi pelo ondulado, dócil, pero ralo.

Don Vicente

Los sábados por la mañana, don Vicente recluta a los muchachos para que le ayuden a limpiar el jardín, barrer las hojas, juntar las ramas de los árboles frutales —durazno, granada, ciruelos—, frutas que doña Carmen convierte en jaleas que generosamente comparte con sus vecinas. La jalea de durazno en tortillas de harina recién hechas, uno de mis snacks favoritos para después de la escuela. Los muchachos barren la basura y la amontonan, le prenden fuego y parados alrededor de la lumbre del tamaño del horno donde cocinan cabecitas de cabrito, se sienten satisfechos de su trabajo. Los muchachos sudan y juegan trabajando al lado de don Vicente. Les paga una peseta, veinticinco centavos. Los más jóvenes están agradecidos por el pago, pero otros averigüan disgustados —Gera y Junior furiosos—, que les paga exactamente lo mismo a ellos que son mayores y a los más chicos, los huerquillos[1]. Entonces, boicotean un sábado hasta que lo convencen de que les pague un tostón (cincuenta centavos) por su trabajo. Dahlia,

---

[1]Chiquillos.

celosa de que a los muchachos los ocupa y les paga, pregunta: ¿por qué a ella no? Averigüa, pelea con don Vicente. Hasta pelea con los muchachos, tira piedras a la casa de los López hasta que sale don José y la regaña. Pero se sale con la suya, y dentro de poco ella también trabaja limpiando el solar de los Baca y le pagan igual que a los muchachos mayores.

Una niña

Una niña llegó a sus vidas, sería por las oraciones o por el destino. La registraron como hija natural. La madre que la dio a luz regresó a México segura de que su hija viviría una larga vida en un hogar feliz. El dinero no le importaba, aunque se lo llevó de todos modos. Pero a sólo seis meses, cuando ninguno de los remedios caseros funciona, Mami y doña Carmen llevan a la niña al hospital. Esa misma noche muere, como una vela que se quema rápidamente. Desde ese día, la luz se alejó de los ojos de doña Carmen. Se echaba la culpa por ser sorda, por no oír los lloridos de la niña, por no saber ser madre, por confiar en Dios. Perdió tanto peso que la ropa le colgaba, igual que la piel sobre los huesos, como el luto que llevaba en el alma. Estaba desapareciendo. Deprimida, se alejó de todos. No quería hablar con nadie. Peleaba con los vecinos, con don Vicente, hasta con Mami, su comadre. Cuando Papi trajo al father Jones para que hablara con ella, los corrió a los dos. Jamás regresó a la iglesia. Dios la había traicionado.

Cuando enterró a don Vicente, sospechamos que no tardaría en seguirlo hasta al cielo. Se fueron los dos siguiendo a la niña. A pesar de que decía no necesitar a nadie, a pesar de que se peleaba con todo mundo, todo el barrio la cuidaba. Una tarde llegamos de la escuela y nos encontramos con una ambulancia, grande como un barco velero como los que aparecen en los libros de historia. La blanca inmensidad se tragó a doña Carmen y apenas si dejamos de gritar como en coro a las nubes que amenazaban la tarde gris: que llueva, que llueva, la virgen de la cueva. Jamás regresó. Su sobrino vino de San Antonio cuando murió. El velorio se llevó a cabo en la funeraria y la mayoría de los vecinos no pudieron ir ni al rosario ni al entierro. No habíamos acabado de rezar la novena cuando vino el sobrino y desocupó la casita. Amontonó todo en el solar y le prendió fuego. La lumbre también quemó algunos de los árboles frutales. Vendió el solar y la casa abandonada a un empresario que la tumbó para construir apartamentos. Al tumbar la casita, mandó a los animalitos, ratones, cucarachas, hasta ratas, por todos lados buscando nuevos hogares. En la foto, doña Carmen lleva anteojos gruesísimos como el tiempo, lleva puesto uno de sus vestidos con la bolsita en el pecho donde guarda su aparato y reposa la mano, tan grande como una barra de pan francés, sobre el hombro flaco de don Vicente.

La abuela de Martha

Los Valdez pusieron a la abuela en el cuartito al fondo del solar. No por malos, sino porque la anciana estaba en agonía y no dejaba que nadie consiguiera el sueño con sus cantos. Decía que los ángeles venían a verla y le pedían que cantara las canciones sagradas de la iglesia. Su hijo Antonio no dormía todas las noches, pensando en su madre y sus visiones. Aun cuando sacaron todo lo que almacenaban en el ticurucho[1] y le pusieron su catre y una mesita a la anciana, él no dormía pensando en su madre allá afuera, cantando y platicando con los ángeles. Pero por lo menos los niños sí dormían. La falta de sueño le molestaba, en el trabajo se quedaba dormido, y Papi venía y se lo contaba a Mami. Cómo él y los demás compañeros le hacían la parada para que el viejo no se diera cuenta y lo desocupara de su trabajo de jornalero en la fundición de antimonio que los suspendía dos veces al año con la regularidad de un reloj: en navidad y en verano. Yo, de curiosa, preguntaba y quería saber: ¿Qué dicen los ángeles? ¿Cómo son? ¿Qué hacen? Toño

---

[1]Cuartito mal construido.

116

el hermano mayor de Martha se reía de mí: —Estás más loca que mamagrande—. Martha decía que su padre no quería que anduviéramos hablando con su mamagrande, y que lo de los ángeles era una mentira.

—No es cierto—, Martha, la mayor, hablaba con autoridad, —mamagrande está loca, todo mundo sabe que los ángeles no se les aparecen a los viejos—.

—¿Por qué no?— preguntaba yo.

—No sé, pero no lo hacen. A ver, en Fátima, en Lourdes siempre son niños y además, es la virgen la que se aparece—.

—Pero, ¿y qué tal la Virgen María?— insistía yo, no siguiendo la lógica de Martha.

—¿Qué tiene?— me contestaba Martha cansada de mis preguntas y queriendo regresar a nuestro juego de bebeleche.

—Pues el ángel Gabriel se le apareció, ¿no?— le ofrecí como muestra.

—Pero ella era niña también, sólo tenía quince años y mamagrande tiene casi cien años—.

Una tarde jugábamos a las comadritas en el solar de la casa de Martha. Yo masticaba un mezquite[2]. Me escabullí hacia el fondo haciendo como que buscaba

---

[2]Fruta en forma de espiga del árbol del mismo nombre.

piedritas que parecieran chícharos[3] para la sopa de arroz de mentiritas. Me acerqué al cuartito y escuché a la mamagrande susurrando una canción de cuna, suavemente, casi como un murmullo. Tuve que esforzarme para oír las palabras: Señora Santa Ana, por qué llora el niño, por una manzana que se le ha perdido... Era la misma canción que Bueli cantaba cuando arrullaba a Espy en la mecedora. Luego se oyó una voz más fuerte y hasta parecía que salía por las rendijas del cuartucho cantando: "Oh María, madre mía, oh consuelo del mortal, amparadnos y guiadnos a la patria celestial". La voz de la mamagrande de Martha se unió a la otra voz y ambas continuaron con la canción que me sabía tan bien; casi empecé a cantar la canción tan conocida. De repente me entró miedo al darme cuenta de lo que pasaba. Corrí hacia donde estaban Dahlia, Carmela y Martha jugando con una mezcla de lodo que parecía mole, les aventé las piedritas en la sopa de mentiritas y corrí hasta mi casa donde encontré a Bueli y le di un fuerte abrazo, mis brazos le rodeaban la cintura. Su delantal olía a cebolla y empecé a llorar. Me preguntaban qué me pasaba, pero no pude hablar, solo me salían sollozos más fuertes. La mamagrande de Martha falleció al día siguiente. En el velorio, Antonio lloró como un

---

[3]En España, guisantes.

niño frente al cajón. Cuando me tocó el turno, no quise hincarme frente al ataúd a rezar, pero Papi me lo ordenó y lo hice. Al ver su cara arrugada pensé que alguien la había rociado con cenizas, empecé a llorar y toqué la mano fría de color gris como la ceniza. Pero al tocarla me di cuenta que no había ceniza. Tenía un rosario negro entrelazado en las manos. La imagen del ángel de la guarda protegiendo a dos niños rubios cruzando un puente a punto de deslizarse, estaba prendida con alfileres en el forro del ataúd.

—Ése es el color de la muerte—, me informó Martha cuando le pregunté si eran cenizas lo que tenía su mamagrande.

Los adultos, todos vestidos de negro, no permitían que viéramos la televisión ni que escucháramos la radio ni las radionovelas ni *Serenata Nocturna*, el programa de dedicatorias por KVOZ. Durante nueve días y nueve noches, tan pronto se ponía el sol, nos juntábamos en casa de los Valdez, y arrodillados en la salita donde la habían velado, rezábamos el rosario por el descanso del alma de la mamagrande. Los espejos cubiertos con sábanas y las velas encendidas por nueve días. Al caminar a casa, Bueli se persignaba y apuntaba al cubreviento, pero nunca pude distinguir la lechuza que, decía, nos vigilaba. A veces, sin embargo, parece que escucho a los ángeles cantar su canción una y otra vez y luego me queda por mucho tiempo en la mente y no puedo borrarla ni dejar de cantarla: "Oh María, madre mía, oh consuelo del mortal...".

Halloween

Es halloween, pero no nos hemos disfrazado, aún no teníamos esa costumbre rara de los Estados Unidos, sólo los más jóvenes lo hicieron años más tarde. Mamagrande y su hija mayor, tía Lydia, han venido a visitarnos, a limpiar la lápida en Nuevo Laredo donde Mamagrande tiene enterrados a sus hijos, ponen flores frescas en botes de aluminio envueltos en papel. Les cuelga coronas de flores. Han venido a honrar a sus muertos, pero es la víspera y Mami, Papi y Bueli me dejan sola con ellas y los niños. Yo quiero lucirme, preparo la cena y les doy de cenar. Hago tortillas de harina midiendo los ingredientes con la mano, como lo hacen Mami y Bueli: cinco puños de harina, algo de sal, un poco de manteca y *espauda*[1] de la lata roja marcada *KC*. Ya que todo está bien mezclado, la manteca distribuida en pedacitos no más grandes que un chícharo, pongo el agua casi hirviendo. Amaso la masa y la pongo a descansar en forma de cazuela invertida, mientras preparo la salsa que usaré para guisar el fideo. Y cuando

---

[1]Levadura en polvo, de *es powder.*

es tiempo, saco los testales pequeños del tamaño de mi mano, extiendo las tortillas pequeñas y redondas como del tamaño de los platitos y las cuezo en el comal. Mientras se cuecen, las saco y las pongo en otro plato, envueltas en un secador bordado con un ribete de florecitas rojas, azules, amarillas y con encaje de crochet color de rosa. Cenamos fideo, frijoles y tortillas. Todos quietecitos porque está Mamagrande y tía Lydia, que nos miran, nos preguntan cosas y platican entre ellas mismas. Tomamos té de canela con leche, veo por la ventana una luna gigantesca en el horizonte que es del mismo color del líquido caliente en mi taza. Después, Tino y Dahlia lavan las vasijas y aún más tarde, ven la televisión sin pelearse. Mamagrande se mece en el sillón de la galería y no entiende qué significa que cada y cuando lleguen niños vestidos de pordioseros a pedir treeky treat. Trato de explicárselo, pero es inútil. Mis hermanitos me piden fritos y corto en tiritas unas tortillas de maíz que nos trajo Mamagrande de Monterrey. Caliento el aceite en una sartén. Ocupada friendo las tiritas de tortilla las pongo en un secador limpio para quitarles la grasa, cuando de repente el sartén se voltea y el aceite caliente cae como en cámara lenta. Reacciono, pero no lo bastante rápido y el pie me arde hasta el alma. No duele al principio, luego se siente como que la piel y hasta el hueso son atacados por un millón de espinas de nopal, penetrando todo el pie. Grito de dolor. Mamagrande viene en mi auxilio, pero me pone mantequilla y lloro más. Los niños se asustan y después vendrá doña Lupe a curarlos del susto, es tanto el espanto. Y cuando regresan Mami y Papi me regañan por no tener cuidado.

Falto dos días a la escuela. Cuando regreso, mi pie y el tobillo envueltos en gasa y algodón llaman la atención. Me da pena, vergüenza, cuando mi profesora de estudios sociales, Mrs. Kazen la esposa del futuro senador, me pregunta alarmada, le digo la verdad.

—Did you go to the hospital? Did a doctor examine the burn?

—No—, contesto sabiendo que no es la respuesta adecuada, pero no quiero mentir.

Hace unos ademanes que me indican que no debí haber dicho nada, y no le digo que día y noche Mami me ha estado curando con hierbas y remedios caseros de Bueli. Limpiando la quemadura, con una espina de maguey revienta el ámpula que se formó y me dice: —No quedará cicatriz—, y no la hay.

Camposanto

Mamagrande regresó a Monterrey confusa por los niños que habían llegado a la puerta pidiendo "trick or treat!" y que huían cuando los regañaba y les decía que se fueran. Recuerdo a Bueli prendiendo veladoras a las ánimas perdidas. Le rezábamos a sus muertos para que encontraran la paz. Pero lo que más extrañé ese año fue la visita al camposanto. La visita a la tumba de Buelito. No me permitieron ir porque estaba enferma, si no podía ir uno con un rasguño mucho menos con una quemadura como la mía. Así que me quedé en casa de las amigas de Mami, Alicia, y Adela. Hermanas. Sentada en medio de un cuartito lleno de papel dorado, de china, crepé, estaban haciendo arreglos para el día de muertos, poniendo los últimos toques a coronas forradas con papel de colores, el amarillo del cempoal[1], el azul del cielo, el morado de la bugambilia, flores de papel —rojas, salmón, amarillas, mis favoritas— a todo nivel de desarrollo, de las que apenas están en botón hasta las que están bien abiertas, que lucen pétalos que

---

[1]Flor de Cempasúchil, utilizada en los festejos del día de muertos.

volteaban y ruborizaban como las de verdad. El papá de ellas, don Viviano nos cortaba la caña, tomaba una por una las cañas de tres metros y las cortaba en pedazos con un machete del tamaño de una espada. Masticando la caña, le sacaba el jugo, el sirope. Recuerdo ese año, me puse a leer un libro que traje de casa. Don Viviano me cuenta cómo a su hijo Raúl le gustaba leer tanto que se volvió loco: —Todo mundo sabe qué hacen los libros. Sí, Raúl tenía una mente fuerte, un cerebro fuerte pero él también cayó, como un niño. Claro, pudo haber sido la novia que le puso algún mal, porque él no quería casarse, prefería los libros, en todo casi fueron los libros, son los libros—, me recuerda don Viviano, —es lo que debilita la cabeza, debilita la mente y hace que uno se vuelva loco—. Y pienso en Raúl, casi lo recuerdo. Un joven callado, con pelo rojizo y ojos verdes, sentado en un banco en el rincón de la cocinita.

—¿Qué le pasó a Raúl?— pregunto.

—Que en paz descanse— dice don Viviano y solemnemente apunta con la cabeza hacia el camposanto. Quiero preguntar más, pero se levanta y se mete a la casa sin decir una palabra más. Y yo pienso en el camposanto.

Huesario

Desde el patio de don Viviano puedo ver el huesario del camposanto. Nunca lo había notado hasta el año pasado. Temiendo que los huesos de Buelito acabaran ahí, le pregunté a Mami, ¿cuáles huesos llegan hasta ahí? Mami me aseguró que los de Buelito no, puesto que el huesario era sólo para aquellos cuyo terreno era alquilado y que ella y tía Nicha habían comprado el terreno de Buelito. Me advirtió que no me fuera a meter a la casita frente al hoyo donde tiraban las cenizas y los huesos. Mami y tía Nicha también habían sembrado un maguey al pie de la tumba de Buelito —como él siempre había dicho que quería— tanto así le gustaba el tequila. Su tumba era sencilla y sólo tenía una cruz de madera blanca con letras negras. Papi había tomado pintura negra y había escrito: Maurilio Ramón y las fechas que se habían borrado con el tiempo. Una tumba relativamente pobre si la comparaba con la que albergaba los difuntos de Mamagrande, un monumento que cubría dos terrenos, de mármol, y guardaba cinco de los siete hijos muertos. Lucita, a quien le quitó la vida una bala fugaz a la edad de doce años; Anita, que murió de fiebre a los dos; Gonzalo, que murió apuñalado en un pleito de baile a los treinta y dos años, y sus dos angelitos que sólo habían vivido unas cuantas horas después del parto tan largo y doloroso, sus gemelos Rafael y Refugio a quienes les había dado los nombres de sus hermanos sin saber que no llegarían ni a niños, menos a la madurez. Sus otros dos muertos yacían en una tumba abandonada, allá en el cementerio de Dolores a varias millas de Laredo. Nadie visitaba sus tumbas. Habían muerto recién nacidos en ese tiempo entre la Revolución y la Primera Guerra Mundial cuando la familia había vivido en ese terreno áspero y seco.

El año de mi accidente, me puse triste al no poder ir al camposanto, no me permitieron ir a visitar a los muertos y no podría escuchar a Mamagrande platicar con los que limpiaban las tumbas y recordaban a sus muertos contando una y otra vez como habían muerto y cómo les había ido desde el año anterior.

Lucita

A Mamagrande le encanta platicar. Y se suelta con sus historias, no importa si el oyente es un desconocido o alguna amiga de antaño que le conoce todos los cuentos. Un cuento es el de su hija, Lucita. Tiene otra, María de la Luz, la menor de las mujeres a la que le puso así por la otra Lucita, la que había sido un ángel y cantaba como canario. La mató una bala. Una gitana había dicho que ése era su destino. Un domingo por la mañana, Mamagrande está sentada con Lucita en el regazo en la plaza de Nuevo Laredo, después de misa en la iglesia del Santo Niño. Se le acerca una gitana y pone la mano en la cabeza de la criatura: esta niña morirá joven, no conocerá ni la tragedia ni el dolor. Mamagrande le ruega a la gitana que no le ponga tal maldición a la niña, pero la gitana insiste que no es maldición sino el destino de la niña y que no hay qué hacer. Así será. Desde entonces, Mamagrande vive con el susidio y no deja que Lucita viva como niña normal, la protege. Pero un día como cualquier otro, la niña Lucita se va a la tiendita de la esquina con una vecina. Al pasar frente a una casa sucede el accidente. El hijo del vecino está limpiando su pistola y accidentalmente se le escapa un tiro; el tiro destinado a Lucita. Le pega en la sien y ahí mismo muere. Tenía doce años. Mamagrande no se cansa de contar el cuento y se persigna y repite las palabras que le dan consuelo: Y murió al instante.

Treeky treat

En 1985 regresé al cementerio con tía Nicha el día de los muertos para limpiar la tumba de Buelito. Visitamos a su comadre Adela y su hermana Alicia, cuyos padres, don Viviano y doña Severita, habían fallecido y yacían en el camposanto al cruzar la calle de la casa donde pasaron su vida desde jóvenes, cuando recién casados llegaron a Nuevo Laredo. Apenas nos habíamos sentado, cuando la comadre Adela mandó a un nieto a comprar refrescos. Nos los tomamos, sedientas por la calor de la mañana. La salita, aún más pequeña de la que recordaba, estaba llena de cajas repletas de flores de plástico y arreglos terminados o por terminar. Todavía confecciona las coronas especiales con las flores de papel crepé enceradas, pero ahora los clientes prefieren flores de plástico porque duran más. Sus hijas le habían insistido que para hacer más negocio había que dejar lo antiguo y cambiar. Después de la visita, acompañé a tía Nicha al camposanto prometiéndoles a la comadre Adela y a sus hijas que regresaríamos para la cena. Como antes, los puestos de vendedores rodeaban el cementerio, algunos vendían comida, taquitos, enchiladas, elotes, frutas, rebanadas de jícama, piña, sandía, todo bajo cristal, sobre hielo, y la caña, alta y del color de los higos que aún no maduran, recargada sobre el muro del cementerio. Otros vendían flores naturales y arreglos, coronas y floreros llenos de cempasúchil que nosotros llamamos cempoales, manita de león, helechos y hojas de recedad. Sólo quedaban unos cuantos chamacos dispuestos a acarrear agua para limpiar las tumbas. Por más de una hora buscamos a alguien que pudiera pintar la cruz y las letras con el nombre y las fechas. Por todos lados los cambios me acechaban, pero el más dramático fue encontrar un Frankenstein con maquillaje y disfraz completo a la entrada del cementerio dando volantes que anunciaban la venta de halloween en La Argentina, una tienda cercana al panteón. Los niños que piden limosna pedían treeky treat con manos extendidas. Se habían disfrazado con máscaras o pintado la cara y vestían ropa de adulto sobre su pobre ropa. El día de los muertos había adquirido un nuevo significado.

Elisa

En la foto, la prima Elisa posa semiacostada en el sofá.
No debe tener más de treinta años, tal vez veintitantos,
maquillada y peinada. En otra foto tomada antes o
después, estamos ella, Papi y yo frente la casa de su hermana Chela en Matamoros. Lleva en los brazos al sobrino, su pelo en tubos cubiertos con una mascada, los
tubos gigantescos para alisar el pelo. El viento del Golfo
me vuela la blusa. Llevo pantalones azules y la blusa sin
mangas que me hizo Mami para la foto de escuela del
año que acaba de terminar. Hemos venido a visitar a
Chela y a Linda, las hermanas de Elisa, mis primas, que

se quedaron en Matamoros cuando los tíos se mudaron a Saltillo. Elisa viene de visita de Los Angeles con su hermano Wicho que se acaba de casar con la hija del dueño del restaurante donde trabajaba en Los Angeles. La ha traído para que conozca a la familia. Pero ese matrimonio no durará y él se regresará a Monterrey a casarse con la mujer que lo adora, le lleva diez años y es pariente política de mi tía. Mami guarda las fotos de ambas bodas de Wicho. En Matamoros visitamos a Chela. Elisa está contenta y juega con nosotros. Armando, el marido de Chela, nos lleva a la playa y a un restaurante a comer mariscos. Camarones grandes recién pescados por los camaroneros que se paran en el muelle a vender su pesca del día. Acuestan a los niños a dormir en el suelo sobre colchas. La plática de los adultos nos arrulla. El murmullo confortante en la obscuridad se rompe de vez en cuando, al reírse alguien a carcajadas de un chiste.

Elisa. Lleva un traje de baño de dos piezas negro. Juega con nosotros en la arena. Es generosa, su voz nos acaricia con sus matices de cariño. Me muero porque nos cuente de su vida en Los Angeles. Historias de cómo es la vida de soltera. Pero nunca estamos a solas para preguntarle nada.

Diez años después, el verano luego de la muerte de

Tino en Viet Nam, me tomo unas vacaciones de la oficina y vuelo a San Antonio donde me esperan Rosalinda, la hija de Elisa, y tía Luz que vuelan de Monterrey a Los Angeles. Al día siguiente, sentadas a la mesa comiendo pollo frito, me suelto a llorar. No tengo explicación y miento, es que pensaba en tantos que no tienen que comer. Pero lo que me causa el llanto es la vida de Elisa y la ausencia de Tino, y es que extraño a mi familia, estoy de luto. Vamos a Disneylandia, visitamos parientes en Tijuana, paseamos por el cementerio de Forest Lawn, nos vamos en bos a la playa de Santa Mónica donde comemos hot dogs que según el letrero son estilo Coney Island, y no entiendo qué tiene que ver algo de Nueva York con California. Paso por todo como sonámbula, con un hueco en el corazón, triste. Rosalinda vive con tía Tere y tío Luis en Monterrey. Elisa les manda su bien ganado sueldo para pagar escuela de monjas, ropa y hasta para construir una casa cerca de la granja de tía Luz. Abren un depósito y tiendita que se convierte en restaurant los fines de semana donde venden cerveza, barbacoa y lo que cocine la tía Tere. Los hermanos de Elisa ayudan, pero no mucho. Wicho está demasiado metido en sus cosas, en su vida; Nando el intelectual se casa apenas se recibe y empieza a dar clases en el tecnológico, sus hermanas casadas y viviendo en Matamoros, donde todos vivieron por un tiempo; Mundo, el menor, en la capital jugando al marxismo. Elisa, la nieta mayor es mi favorita. Ella, que a los dieciséis se enamoró y salió con su domingo siete[1]. Papagrande la desheredó y la alejó de la familia. El tío Luis no pudo defenderla y la tía Tere con el rosario en la mano rezando día y noche. Se mudaron a Saltillo. Elisa se fue a Los Angeles tan pronto nació la niña. Una prima de Mamagrande, Andrea y su esposo Javier, la acogieron. Ellos se habían ido a California buscando remedios para el más pequeño de sus hijos, Samuel, dejando a los tres mayores con una tía. Se dedicaron totalmente a Samuel, pero todo fue en vano. El cáncer los venció y se lo llevó. No se regresaron, puesto que habían vendido todo en México para venir en busca de un milagro. Para entonces los otros habían estudiado y se habían recibido o no, creciendo en casas ajenas, de los tíos y los abuelos. La hija se casó con un iraní y se fue a ese país de desierto y sólo escribía una o dos veces al año. Cuando vino a visitar y trajo a sus niños nadie reconocía a la muchacha de espíritu libre y feliz, en la mujer solemne y tímida cuyos ojos brillaban sólo al ver a sus hijos, su amor y pasión depositados totalmente en ellos. Hasta su nombre había cambiado a algo

---

[1] Salió embarazada, encinta.

impronunciable. Otro hijo, Lalo, se volvió revolu-
cionario, hasta se fue a estudiar a Cuba y durante las
tragedias de los sesenta estuvo presente en Tlatelolco.
Estaba en peligro y se lo trajeron a California, donde lo
conocí en el 68, cuando ambos creíamos con certeza
que el marxismo era la solución y que el capitalismo no
tardaría en ser sólo una cita en los libros de historia.
Leíamos a Neruda, intercambiamos cartas larguísimas
llenas de pasión política, desarrollando un amor platóni-
co. Eventualmente él se regresó a México. Se fue al sur,
donde la lucha continuaba y no moría, como en el
norte. Familia. Elisa encontró ayuda, pero también un
estorbo. Se mudó, arregló sus papeles, trabajó y trabajó
para mantener de lejos a su hija. No ver a su niña crecer, no estar para cuando dio su primer paso, el primer
día que fue a la escuela, para secarle las lágrimas cuando se caía, para disfrutar de sus risas, esos fueron castigos mucho más grandes que el ser arrojada de la casa de
Papagrande. No ser madre. Elisa no se casó hasta que se
casó su hija. Y eso fue con un chicano, un viudo cuya
esposa había muerto de cáncer, cuyos hijos ya mayores
y casados no entendían. Él decía quererla y le ofreció,
como todos los hombres, el cielo y la tierra. Pero jamás
comía en restaurante e insistía en que ella le cocinara
todo personalmente. Elisa llegaba de su trabajo en la

fábrica a cocinar la cena. Ella lavaba, planchaba y le arreglaba la ropa, hasta los calcetines y el pañuelo. Nunca dejó de trabajar, aunque con el tiempo consiguió un ascenso a un puesto un poco mejor. Trabajó más de veinte años en la misma empresa.

En las fotos del viaje a Matamoros, luce una sonrisa despreocupada y contenta. Se ríe como actriz de cine, la risa que hasta la hacía llorar. Llorando de risa cuando Dahlia sufrió un accidente —se le cayó una lámpara y le hizo un chichón en la frente—; llorando de risa con los chistes que contaba Papi: llorando de risa al ver que el pelo jamás se le quedaría lacio. Por lo menos ahí, en la foto, luce contenta a pesar de la mirada triste.

Tina uno

Estamos en Anáhuac para la quinceañera de la prima
Tina. Aprovechan el viaje y la fiesta para bautizar a la
niña Josefina, la hermanita recién nacida. En la foto,
Pana está en primer plano, con Tina rodeada de amigas
y primas. Un calendario en la pared, las cortinas hechas
nudos para que entre un poco de aire, dan un ambiente
cotidiano al día festivo. Es la casa de Mamagrande y
Papagrande antes de que le dejaran la parcela a tío Luis
y tío Polo. Tío Polo, tía Candelaria y su prole hacen lo
que pueden con la casa y la parcela. Hoy, por el bautizo
y la fiesta de quince años, tío Polo parece que anda de
buen humor riéndose y contando chistes. No avergüen-
za a tía Cande con sus quejas y sus regaños que hacen
enojar a Mami. Tía Cande prepara la fritada de cabrito.
El mató los cabritos esa mañana al amanecer. Las
mujeres echan tortillas, preparan la sopa de arroz. No
habrá baile porque acaba de morir el tío abuelo
Francisco en Corpus Christi. Tina se enfadó, pero el
contratiempo no parece arruinarle la fiesta. Mami le
tejió el pelo en una trenza, estirándole el pelo y aplicán-
dole cerveza para fijarlo. La trenza es gruesa como mi

brazo flaco de niña de nueve años. Mami le entreteje un listón color de rosa a tono con el vestido. Las demás —primas y amigas— se han cortado el pelo y lucen fleco y permanentes. Yo también llevo fleco sobre la frente y el permanente que me hizo Mami con el sobrante del Toni[1] que ella se puso. Sin darme cuenta cómo me veo, me siento mayor, con mi cola de caballo, bobby socks y la falda azul a cuadros con espiguilla al borde. A Tina aún le falta vivir la vida difícil de cuando fallece tía Cande un año después, al dar a luz al niño que también muere con ella. Murió por estar tan lejos del hospital en Nuevo Laredo, se desangró en el carro rumbo al hospital. Tina a los dieciséis se convierte en madre de los demás, incluyendo la menor, la ahijada de Mami, Josefina, que todos llaman Pita. Tío Polo se los lleva a Monterrey a que Mamagrande los críe. Se mudan los seis: Tina, Chalo, Pana, Chuy, Lily y Pita. Es una batalla que apenas comienza. Él dejará que Papagrande los críe y se retira a la parcela en Anáhuac donde veinte años después su hijo mayor, Chalo, morirá solo.

---

[1]Marca de solución de permanente para rizar el pelo.

Chalo

Chalo. En casa al fin, después de vivir en Dallas, Houston, Los Angeles y hasta en Chicago, donde se casó y tuvo tres hijos. Regresa a casa a vivir en la parcela, huyendo quién sabe de quién o qué. Busca algo, se emborracha hasta dormirse bajo las estrellas, le llaman *El Diablo*, el sobrenombre que trajo de Chicago. Han matado a Chalo. A la edad de treinta y cuatro años, amanece muerto en el cuartucho de una cantina en Villa Aldama, un pueblillo cerca de Anáhuac. Y el día que lo matan, creo verlo en las calles de Laredo cruzando la Matamoros hacia la San Bernardo. Mira, le digo a mi amiga Emma, ese tipo con la barba, es idéntico a mi primo Chalo. Cuando llego a casa espero que Mami me diga: vino Chalo, pero no. Lo que dice es: llamó tu tía Luz, mataron a Chalo. Mañana es el sepelio en Nuevo Laredo. A las cuatro de la tarde del día siguiente, llego a la funeraria. Me reciben con saludos de beso y abrazo los primos que no he visto en años. Entro a la funeraria Sánchez y a la capilla, las primas, sus hermanas, al frente. A la derecha del pequeño altar que forma el ataúd y sus pocas coronas y ramos, un joven sacerdote da una elogía que demuestra que no conoció al difunto, le atribuye mucho en su corta vida y claramente no sabe a qué apodo respondía mi primo. Hay pocas lágrimas. Yo prefiero no ver el cuerpo, no verle la cara sin vida, así que me quedo atrás. Posteriormente me reúno con mis padres en la caminata al panteón. Recuerdo el sepelio de tía Cande. Cómo lloraron su madre y sus familiares, sus hermanas y hermanos. Yo no lloraba, apenas entendía lo que sucedía a mis siete años, tomé a Mami de la mano y no me quise quedar con los niños, me amaché[1] y tuvieron que llevarme al velorio y al sepelio. Caminé este mismo sendero del panteón.

Seguimos caminando hasta la bóveda de la familia, el pequeño cortejo tras los parientes; los primos a la cabeza de la procesión llevan el cajón a cuestas. Al llegar a la sepultura veo una bolsita de plástico al lado del pozo. El encargado nos da un clavel rojo a cada uno. Se supone que hay que ponerlo en el cajón antes de que lo cierren para siempre. El director se da cuenta que el cajón es demasiado grande para el pozo que han excavado. Pide disculpas por la molestia y manda a un ayudante por un pico y una pala. Cuando llega, el director se quita el saco y la corbata y se pone a escarbar. El sudor le marca la camisa blanca con manchas obscuras.

---

[1]Insistí con tenacidad.

Sobre las lápidas en el atardecer de las cinco de la tarde se destacan las extrañas siluetas de los monumentos. Esperamos, unos sentados, otros parados. Le pregunto a Mami qué hay en el bulto de la bolsita de plástico. —Es tu tía Cande— me responde con calma. Lola, que llora con un kleenex entre los dientes, me explica que los restos fueron exhumados esa mañana y que sólo Tina y Pana estuvieron presentes. Me fijo con más cuidado y distingo lo que parece ser una calavera y un hueso largo, tal vez de brazo o pierna, me estremezco y se me sale una oración. Cuando el director, ahora cavador de pozos, da la señal, se resume el ritual y el sacerdote por última vez da la bendición al cuerpo. El paquete en la bolsa de plástico queda a los pies de Chalo. Aun sin querer tengo que ver la cara simpática y atractiva con la barba tupida negra de mi primo. Dejo caer mi clavel y tomo nota del rosario que lleva en las manos. Veo el rosario y los claveles que han dejado caer los demás; por mi miopía, parecen gotas de sangre enormes que cubren el cuerpo. Finalmente, el director cierrra el cajón y junto con el asistente lo bajan, nos da la señal y pasamos uno por uno, tomamos un puñado de tierra obscura y seca que acaba de sacar del hoyo y cuando escucho el sonido de la tierra no aguanto más. Mi llanto se mezcla con la tierra negra que me limpio de las manos con el pañuelo que me da Mami.

Al caminar de regreso al carro, sugiero ir a comer algo. Mami está de acuerdo, Papi no dice nada. Al fin dice que sí, pero que vayamos al otro lado. No quieren ir a la casa de tía Cande donde seguro tendrán que platicar con la familia. No, ya hemos cumplido, nos despedimos de los parientes que vinieron de Monterrey, Dallas, San Antonio, los que ya se disponían a partir a casa. —Es mejor así— dice Papi —breve y corto, para qué alargar el dolor. Seguro está pensando en la larga espera para el sepelio de Tino, esperando desde que llegó el sargento del army en su volkswagen del ejército, verde, llegó y tocó a la puerta a las seis de la mañana aquel lunes de febrero, desenbuchando palabras que no podía entender, que no quería entender. La espera. Casi quince días sin saber nada y luego llegó el cajón sellado a la base aérea, lo escoltó el primo de Papi, el tío Ricardo con cara hinchada y los ojos rojos por el desvelo, reflejo del dolor de Papi. Platicamos de Chalo al cenar tacos y sodas de naranja en el Taquito Millonario, restaurante favorito de Papi. Como su padrino, Papi siempre se sintió obligado a ayudarle. Lo había recibido en casa muchas veces cuando venía de Monterrey o Saltillo rumbo a Chicago o Dallas.

—Al fin descansa Chalo— dice Mami, —Mi comadre

Cande no sufrió este dolor. Y yo me pregunto si acaso habla del dolor de perder un hijo o el de ver a un hijo perderse por el camino del mal, llegar a lo que parece ser un abismo, a este fin violento. ¿A qué se referirá Mami, con sus comentarios?

—¿Qué les pasará a sus hijos en Chicago?— pregunta Papi. Y sé que está dolido aún después de tantos años por los hijos que no le dio mi hermano, los que llevarían su nombre.

Tina dos

En la foto de la quinceañera de Tina sólo aparecemos las primas y sus amigas; los primos y sus hermanos están afuera con los hombres. Su vida se va por vericuetos inesperados, llega a un suburbio de Dallas, casada con el novio de Monterrey, hijo de un ministro protestante cuya iglesia estaba al lado de la casa de Mamagrande, por la calle Washington al cruzar la calle de la alameda. Y sus hijos, ya casados, casi se olvidan de sus orígenes mexicanos, pero la menor recupera su herencia, su mexicanidad, en la universidad donde profundiza su conocimiento a través de los estudios latinoamericanos y actividades relacionadas con la comunidad chicana. Cada uno de los hijos de tío Polo crece; se casa y tiene hijos. Tía Cande debe estar reteocupada allá en el cielo cuidando su prole desparramada por todos lados: Monterrey, Chicago, Dallas, el Distrito Federal, o por lo menos eso dice Mami, que cree en ese lugar del más allá donde todo es luz, el lugar que Mami describe porque dice haber estado ahí cuando casi se muere, cuando nació Rolando, el más pequeño, que le dio tanto problema que casi se muere. Ese lugar donde estuvo unos minutos que parecieron siglos cuando se le paró el corazón, ese lugar de paz y felicidad que no quería dejar, pero del cual se tuvo que alejar cuando pensó en sus once hijos, huérfanos, y no me quiso dejar la carga de tanto niño. Y por eso dejó ese lugar de paz y luz para regresar y ser nuestra madre. Es un sacrificio. Cada día un regalo de Dios.

Bodas de oro

En la foto de las bodas de oro, Tati y yo somos las bebés en el regazo de Mamagrande y de Papagrande. Mamagrande coronada con una diadema de siete hojas doradas, una por cada hijo aún vivo. La corona sobre el cabello blanco, la mirada acuamarina y el olor a Mamagrande permanece en mi memoria. Papagrande es una imagen que presagia la figura de Papi cuarenta y cinco años después. Ya varios de los que aparecen en la foto han fallecido, Chalo, tía Lydia, tío Chuy, tía Cande, tío Polo, pero muchos más han llegado a esa familia de mis parientes de sangre azul, como le gustaba pretender a Mamagrande. Los que hemos heredado esa sangre vivimos desparramados por los siete mares, en Estados Unidos, en México y aun en Europa y Latinoamérica, y en islas lejanas cuyos nombres nadie recuerda, pero la mayoría nos hemos quedado cerca de la frontera entre San Antonio o Monterrey, nos hemos quedado en esta frontera donde los tíos abuelos, tías abuelas, abuelos, abuelas, bisabuelas, tatarabuelas, e incluso muchos abuelos antes que ellos, han vivido y muerto.

Deben haber venido estos parientes a celebrar con

Mamagrande y Papagrande. Tía Chita y tía Chole, las hermanas solteronas de Mamagrande; tía Piedad y tío Francisco, la hermana de Papagrande desde la ciudad de México y su hermano desde Corpus Christi. La familia. Se extiende por los lados hasta tías, tíos, primos, primas y hacia atrás hasta los abuelos, las abuelas, por generaciones, y hacia el futuro con los niños, los nietos, las nietas, bisnietas, bisnietos, hasta hoy, hasta mañana. Las bodas de oro: celebrando cincuenta años de perseverancia, de resistencia, de supervivencia, celebrando familia.

Tía Chita

Cuando disfruto de las películas de más antes[1], recuerdo a la tía Chita, la tía abuela Jesusa. La tía Chita. Siempre que íbamos al cine nos hacía burla: —El cine es una pérdida de tiempo, siempre salen con lo mismo. A ver —nos vacilaba— ¿a que batallaron, batallaron, pero se casaron?— adivinando la trama de las películas. Jesusa Vargas. Tía Chita, la hermana mayor de Mamagrande. Ella y tía Toña se quedaron pa' vestir santos, como dice la gente. Pero no era cierto, no recuerdo que fueran tan devotas. Papagrande puede que las haya insultado con otras palabras, pero jamás las acusó de *comer santos y cagar diablos* como decía de Epifania la vecina, que no sólo iba a misa diario por la mañana y al rosario por la tarde, también asistía a dos misas los domingos y, sin embargo, todo mundo la conocía como la chismosa del barrio. No, tía Toña y tía Chita no eran tan devotas, casi ni iban a la iglesia aunque, tía Chita sí usaba los escapularios de la Santísima Trinidad y una enorme medalla de la Virgen del Carmen —grandísima— del tamaño de una

---

[1]Antiguas, pasadas.

149

moneda de cincuenta centavos americanos, y de puro oro de dieciocho quilates. Jamás se casaron, las tías. Solteronas. Vivían en la casa de la familia en Monterrey. Tía Chita leía los periódicos religiosamente, discutía política mejor que muchos hombres. Los dulces eran su debilidad. Le encantaban los de limón y los chocolates, igual que los de biznaga o de calabaza que le comprábamos a los dulceros, los Rendón, que tenían fama de elaborar la mejor leche quemada, y que sin duda eran los mejores dulceros en todo Monterrey. Por lo menos así lo creía Mamagrande, y puesto que ella sabía de esas cosas, no hay por qué dudar que los Rendón hacían el mejor dulce de todo Monterrey. Tía Chita. El olor a talco de bebé y a gardenias la anunciaba, y ese mismo aroma permeaba por donde había estado, se quedaba cuando se ausentaba. Para comer se ponía las placas[2] que llevaba en la bolsa del delantal, en la misma bolsa donde llevaba dos pañuelos, uno para el uso común y el otro para guardar su dinero; en él llevaba sus monedas y billetes amarrados con cinco nudos.

Fue en uno de los viajes cortos de fin de semana que solía tomar a Monterrey cuando la vi por última vez. Debió presentir algo, pues cuando salí de casa de Mamagrande, el domingo para tomar el autobús rumbo

---

[2]Dientes postizos.

a Laredo, entre otra plática de despedida, dándome su bendición me dijo: cuídate y que Dios te bendiga. A lo mejor ya no te vuelvo a ver.

—Ay, tía no diga esas cosas— protesté.

—Ay, hija, a mis años sólo Dios sabe— me contestó.

Y sí, acertó. Pues ya había muerto tía Toña y ella pacientemente aguardaba su turno para seguirla. Viviendo con sus tres gatos en la casa llena de plantas, sus matas: geranios, gardenias y raras orquídeas. Viviendo con los recuerdos de una juventud sin preocupaciones, pero opresiva. Viviendo sus últimos días en la casa por la calle Félix U. Gómez, en la esquina donde ahora se encuentra una sucursal de Bancomer.

Tía Piedad

Tía Piedad vivía en la ciudad de México y a causa de
que yo vivía en los Estados Unidos, me salvé de la
suerte de mis primas mayores —Tina, Elisa, Lola y hasta
su sobrina la menor, Lucita— pues cada una de ellas tuvo
que pasar tiempo con ella para aprender a ser señoritas.
Se había casado tres veces y era el escándalo en la familia, pero por su posición social y su belleza nadie se
atrevía a decirle nada, aunque Papagrande nunca se

refería a ella por su nombre de pila, sino decía: Mi hermana la loca. Las primas que fueron a México a vivir con ella para ser entrenadas en las costumbres europeas, añoraban regresar al norte, pues el régimen era tan exigente que nadie lo podía soportar. Primero había lecciones de postura, de yoga, de nutrición, de etiqueta y de francés. Tía Piedad escribió un libro sobre su filosofía titulado *Correción de postura*, que publicó con la ayuda del esposo número tres, un francés que, enamoradísimo y totalmente fiel, la adoraba y le cumplía todos sus antojos y caprichos. Un francés cuya familia se había quedado en México después del fiasco de sus compatriotas. Sí, las primas me contaron lo mucho que sufrieron esos meses en México, los castigos por no saber sentarse, no saber portarse a la mesa y el sinnúmero de ejercicios para desarrollar un porte de gente decente. Pero ella sólo lo hacía por su compromiso total con la belleza y la salud, ese compromiso que obviamente cumplía en su persona. Lucía un cutis impecable, una cabellera sedosa color caoba y llevaba las manos largas elegantemente enguantadas. Los armarios llenos de ropa para toda ocasión, los trajes de noche con sus bordados de lentejuela parecían de película, y los trajes sastre para el día, para llevar con las blusas de seda tan suaves como la piel de un bebé —todo confeccionado por su diseñador personal. El armario almacenaba cientos de pares de zapatos de todo color imaginable, de todas partes del mundo. Siempre traía un atuendo completo, es decir que, desde el sombrero, las arracadas, el pañuelo y claro, el traje o el vestido, hasta los zapatos, todo estaba cuidadosamente planeado para conseguir un efecto total. Se convirtió en una figura legendaria. Y cuando vi la foto de ella y tía Luz como las captó un fotógrafo ambulante, caminando con los brazos enlazados frente al Zócalo, me sorprendió ver que no era más alta que Luz, aun cuando llevaba sus zapatos de tacón. Las primas todavía se ríen cuando se acuerdan de cómo la tía Piedad se dio por vencida al enfrentarse con sus sobrinas, que armaban una sarabanda hasta que las mandaba de regreso a con sus padres en Anáhuac o Monterrey con sus muy sentidas penas, pero ésta o aquella de las chicas jamás sería una señorita como Dios manda. Y Papagrande se reía y se burlaba, citando algún dicho, *el hábito no hace al monje,* o *de tal palo tal astilla,* pero Luz aún insiste en que valía la pena todo el sufrimiento, la privación, para llegar a ser una dama. Seguro que yo no hubiera pasado, aun con mi fisonomía, siendo delgada. Jamás he podido sentarme como señorita, prefiero estirar mi largo cuerpo sobre sillas y sofás, a veces mis piernas largas aparecen sobre un respaldo o me siento sobre ellas. No, jamás hubiera podido pasar el examen de postura y el de etiqueta, menos. Pero la ropa... pues ese quizá sí, me encantan las telas finas, la ropa que cae bien, los trajes sastre y durante un tiempo tuve una manía por los zapatos. Llegué a tenerlos de todo color: rojos, azules, morados, verdes, en todos los tonos y en todos los estilos posibles: sandalias, alpargatas, botas, de tacón bajo y alto, de cinta, con hebilla, de plástico, de pieles regulares y de gamuza, de telas y sus combinaciones. Claro, todo esto fue antes, cuando trabajaba en la oficina y llevaba mis disfraces: minifaldas, faja y medias antes del pantyhose. Mi papel de oficinista me daba razón perfecta para tener que comprar tanto zapato. Mucho después me deshice de tanto zapato y sólo era dueña de dos pares, botas para el invierno y mis huaraches para el verano. Mucho mejor vestuario para mis pies en esa época, más acordes con mi política y mi vida militando por la causa. Pero eso fue después, mucho después de mi vida de oficinista. Pudo ser un rasgo genético, así puedo perdonar mis excesos en la cuestión de zapatería. Tía Piedad hubiera estado orgullosa. Y en mi estante, guardo su *Correción de postura* de 1962, para acordarme que tanto la belleza como la salud se deben a la buena postura y a la respiración correcta.

Navidad

Las navidades del pasado. Algunas con y otras sin fotografías me visitan cada diciembre. El año que debemos estar más o menos bien, porque Papi está trabajando con la compañía constructora Zachry que se lo llevaba a lugares insólitos, lejos de Laredo. Ese año, debajo del arbolito de navidad encuentro lo soñado, lo jamás esperado, la casita de muñecas de Sears Roebuck tal como la vi en el catálogo, y una muñeca con pelo rubio brillante y cachetes rosados. Ese año todos recibimos dos regalos. Pero hay otros, cuando suspenden a Papi en la fundición, que estamos tan pobres que no hay regalos. El año que no tuvimos dinero para comprar el arbolito y el mero día de nochebuena saqué el arbolito de mi clase. El año que no tuvimos arbolito hasta que Tino y yo cortamos un ramo de mezquite. Podía verle las lágrimas a Mami, lágrimas de desesperación, junto a los deseos de los pequeños. –Ése no es arbolito de Navidad– dice Margarita, –Shh, es nuestro arbolito, y lo arreglaremos como el de Navidad– le murmulla en secreto Tino. Y cada año, el nacimiento con el musgo sobre el televisor y el niño Dios tan pequeño que cabía en mi mano. El año que Mami nos hizo los regalos: pantuflas tejidas con sobras de estambre que le dio doña Carmen. Casi todos los años, Mami llenaba las bolsas del mandado con naranjas, limones, toronjas y nueces de los árboles en el solar para regalarles a los vecinos. Nos mandaban a Tino y a mí a repartir los regalos a los Valdez y a los Treviño, cuyo padre, como el nuestro, también estaba desocupado por la fundición, pero aún peor que nosotros, pues su abuela estaba enferma y había un recién nacido. Y bolsas más pequeñas para el padre Jones en la iglesia San Luis Rey y para doña Carmen y don Vicente, pues ellos no tenían niños.

Casi todos los años íbamos a Monterrey para la nochebuena, en tren, comiendo los taquitos que Bueli nos había preparado y empacado para el viaje. Nos quedábamos por allá hasta después del Día de Reyes, el seis de enero, cuando venían los Reyes Magos. El nacimiento de Mamagrande tomaba una habitación entera, era enorme. Tía Luz lo construía en la sala. Las figuras principales, San José, María y el niño Dios, y los pastores, el ermitaño y los diablos de la pastorela, estratégicamente ubicados en el musgo. A medianoche los tiroteos por todos lados. Y en misa de gallo, cabeceo, pero no me duermo. Cuando íbamos a Monterrey,

Santa Claus no nos visitaba. Eran los tres Reyes Magos quienes dejaban colaciones y regalitos para las niñas buenas.

Al crecer, quería regalar obsequios de a deveras. Cosas compradas, no hechas a mano, para mis padres y Bueli, y mis amigas en la escuela, mi maestra. Ahorraba mis centavitos en vez de comprar leche con lo que Mami nos conseguía cosiendo. Me abstenía de hablar español para no tener que pagar la multa por tal crimen. Tino y yo cobrábamos por nuestros servicios de traducción. Comics por un nicle[1]. A veces vendíamos la tarea a los flojos, pero ricos entre nuestros compañeros, que podían no sólo comprar leche sino chocolate, que costaba dos centavos más. Esos podían comprar dulces de la tiendita durante el recreo. Y con su dinero podían comprar amistades. Sí, ahorrábamos para poder comprar regalos de navidad: peinetas para Bueli, perfume para Mami, tabaco para Papi, una figurita de céramica para tía Nicha, a quien le encantaban las miniaturas, perros que se parecían a los suyos. Navidad. Época de júbilo y de añoranzas. De niña era época de sueños y de deseos a veces realizados.

---

[1]Moneda de cinco centavos.

Henrietta

Una de las niñas ricas era mi mejor amiga en cuarto año. Había nacido en el norte y por eso no se llamaba Enriqueta o peor, Queta como mi prima; no, se llamaba Henrietta. Siempre llevaba calcetines blancos, jamás se los comían los zapatos negros. Esos mismos zapatos, se los boleaba diario su papá, que había aprendido a bolear así en el Air Force y estudiaba para ser piloto. Ninguno de sus vestidos estaba hecho a mano, sino eran comprados en tiendas. Henrietta llevaba una bolsita de charol negro donde guardaba los cinco centavos para comprar la leche o el chocolate, además de la moneda de veinticinco centavos, una peseta, que le daban a diario para comprar lo que se le antojara. No sabía español, así que nunca la castigaban ni tenía que pagar por hablar español. Pero sí lo entendía. Sólo yo, por ser su mejor amiga, sabía su secreto. Y así fue como se dio cuenta de otro secreto, uno que inmediatamente me comunicó y fue el motivo por el que terminó nuestra amistad. Un día escuchó a sus padres conversando en español. Se enteró de que tenía otro padre, Enrique, que había permanecido en Chicago y al que llamaba papá no lo era, era su padrastro. Yo sólo conocía madrastras, como la de Imelda que vino a hacerle la vida pesada después de quedar huérfana y su papá se casó con una mujer igual de mala que las madrastras en los cuentos de hadas. Por alguna razón, con mi criterio de niña de cuarto año, pensé que Henrietta había mentido, que se lo había inventado todo para que le tuviéramos lástima en vez de envidia, porque su papá le concedía todo. Rompimos la amistad y hasta casi nos peleamos a gatos, como le llamábamos a los puñetazos. Las amigas nos separaron cuando nos gritábamos insultos una a la otra. Le saqué la lengua al alejarme. Decidimos que el pleito se llevaría a cabo después de la escuela, en un solar baldío a dos cuadras de la escuela, donde tales encuentros solían llevarse a cabo. Toda la tarde me la pasé ansiosa y sin poder concentrarme en las clases. Pensé que sería mejor rajarme[1], pero decidí que no podía hacerlo, no podía defraudar a mis amigas de esa manera, porque todas estarían ahí para hacerme esquina[2], hasta la Helen, a quien todos los niños temían y conocían como *toro*. Todas dispuestas a ayudarme en caso de que necesitara ayuda. Pero fue Henrietta la que no llegó a la cita. Al poco tiempo de estar esperando se dispersó el grupo y nos fuimos a casa. En el camino, Chelo, Helen

[1]Acobardarme y no asistir.
[2]Respaldarme.

y yo brincamos una cerca de seis pies de alto para cosechar naranjas de un solar abandonado cuyos dueños no habían regresado de los trabajos del norte ese año. Caminamos a casa hablando de Henrietta pelando la fruta, cálida bajo el sol de la tarde. Las tangerinas, explotando con agridulce sabor en la boca, sabían mejor que las que teníamos en casa —las del árbol que Papi injertó— tal vez más sabrosas por ser robadas. Cada quien siguió su camino, yo caminé sola las últimas tres cuadras. A cada rato me tenía que subir los calcetines. Los zapatos polvorientos y sin bolear me comían el talón de los calcetines. Pensaba en que tenía dos pecados que confesarle el sábado al hermano Joseph, que había venido a ayudar al padre Jones: robar y pelear, dos nuevos pecados. Cuando llegué a casa, me quité los zapatos y los calcetines blancos, sucios y manchados. Pensé en Henrietta y en como sus calcetines jamás se verían así. Creo que la quise.

Paseos

Algunos domingos, antes de que fuéramos tantos niños, Mami y Papi nos llevaban a oír misa en Nuevo Laredo a la iglesia del Santo Niño. Después de misa, íbamos a un restaurante, el Alma Latina o el Principal; eso cuando sólo éramos dos o tres de familia. Dejamos este ritual al crecer la familia y haber tanto niño ruidoso, porque era más caro ir a un restaurante, pero seguíamos con nuestros paseos. Nos arrancábamos al parque Viveros donde comíamos taquitos de carne adobada, comprábamos tortillas de maíz recién hechas a las tortilleras en el mercado. Papi le compraba un kilo de carne a don Luis, el jovial y amable carnicero que cortaba la carne delgadita y jugosa, la colocaba en un pedazo de papel color rosa obscuro y luego en la pesa que todos, bromeando, decían que estaba chueca[1]. Eso y cualquier fruta de temporada —mangos, plátanos, sandía, fresas— eran la comida. No lo comíamos todo como perritos hambrientos antes de jugar en los columpios, si había muchos niños nos entreteníamos

---

[1]Arreglada a beneficio del carnicero.

jugando a la roña o a las escondidas, mientras Mami, Papi y Bueli se sentaban bajo el nogal, platicando y viéndonos jugar. Años después, cuando éramos demasiados para estos paseos, nos conformábamos con los *piquinics* del día de la coneja o algún domingo de primavera, cuando no estaba muy caliente, nos íbamos de día de campo al lago Casa Blanca, donde descalzos nos metíamos al agua, pero sólo un poco, y no nos depegábamos de Mami o Papi, temiendo que los robachicos nos raptaran en el baño. Jugábamos con las piedras, Papi nos enseñaba a mandarlas casi volando sobre las olas del lago. Las fotos muestran niños acalorados, sudados, ansiosos por regresar a su juego interrumpido para posar frente a Papi o Mami con su cámara Brownie.

Pascua era especial. El día de la coneja llegaba con sus cascarones. Los guardábamos meses hasta que llegaba tía Luz a ayudarnos a pintarlos y prepararlos. Nuestro trabajo minucioso y delicado se derrumbaba en unos cuantos minutos al romper los cascarones, quebrándolos sobre la cabeza del que se dejara. Claro, todos lo esperábamos y nos correteábamos, hasta los adultos se integraban al juego. La comida de día de campo, desde sandwiches de bologna con Kool Aid en un termo, hasta pollo frito y refrescos en botella que comprábamos en Nuevo Laredo en cajas de 24. La sidra color ámbar dulce, la verdeamarilla de limón, la piña dulce y la naranja, Barrilitos o Jolla. Lo común, la Coca Cola en botellas pequeñitas. Ahorrábamos llevando los envases pues si no tendríamos que pagar el depósito en la próxima compra.

Pero no tenía que ser día especial para ir a la presa, al lago Casa Blanca. Algunas tardes llegaba Papi del trabajo de la fundición oliendo a sudor y metal, su traje unión gris[2] negro por la ceniza. Esperábamos la lonchera, llena de olores por las delicias que había portado esa mañana y no siempre regresaba vacía. Le rogábamos: Llévanos a un rait, gritando excitados, columpiándonos de un brazo, abrazados de sus piernas como garrapatas. Siempre parecíamos saber cuándo insistir y en esas ocasiones, se daba un regaderazo afuera con una manguera negra colgando desde el cielo. Nos amontonábamos en el Ford verde —después en el Nash gris y mucho después en el Chevy 55, rojo y blanco—, y nos arrancábamos, peleando por el privilegio de sentarnos al lado de las ventanillas. A veces ganaba yo, pero no me importaba si acaso le tocaba a Tino; me iba haciendo muecas al aire, tomando grandes bocanadas y sentía el viento azotarme la cara con mi pelo. En la presa, Papi se sentaba con Mami en la playa

---

[2] Mono, prenda de una sola pieza que llevan los obreros.

de caliche, platicando, mientras nosotros jugábamos hasta que el sol, como un globo gigantesco, desaparecía en el horizonte.

Tiempo de irnos a casa, a hacer tarea, preparar la cena, tal vez papas con huevo, frijoles refritos, los que habíamos comido en bola[3] para la comida y claro, las tortillas de harina que Bueli preparaba. También el té —hojas de naranjo, zacate de limón, canela o yerbabuena— con leche y azúcar si así lo preferías. Papi se había levantado desde las cinco y media a ir a misa de seis, regresaba a las siete justo para despertarnos. Y su ¡Arriba todo género pichicuate![4] nos despertaba, si acaso no nos había despertado al llegar cantando desafinadamente *De Colores* en voz alta. Para cuando regresaba de misa, Mami ya había preparado el desayuno y tenía su lonchera lista, sobre la estufa como un animalito, negro y calientito. Después de que falleció Bueli, cuando Mami estaba enferma o en la dieta después de un parto, me tocaba a mí prepararle la lonchera, con taquitos de lo que habíamos cenado la noche anterior; antes no se les llamaba *mariachis* como lo hacemos ahora en Laredo, tortillas de harina recién hechas con picadillo o chorizo con huevo. A veces sólo había frijoles. En el

---

[3] Sin guisar ni machacar como los refritos.
[4] Expresión sin sentido, tal vez quiere decir: en campo de animales flojos.

termo, con la tapa colorada que se convertía en taza, ponía el café caliente con leche Pet y azucarado, el café que Mami había hecho en la cafetera plateada. En el bos de la escuela, sentada con mis amigas, me quitaba pedacitos de masa de las uñas mientras revisaba la tarea o leía mi novelita: Corín Tellado, Agatha Christie o cualquier libro de algún proyecto de escuela. Un año intenté leer todos los libros en nuestra pobre escuela de junior high, pero sólo llegué hasta la letra M cuando se acabó el año escolar y mi proyecto quedó incompleto.

Lecturas de verano

En el verano, no dejábamos de leer sólo porque no podíamos ir a la biblioteca de la escuela, estaba la biblioteca pública en el centro y todas las revistas y libros que nos acarreaba Papi, y que *El Viejo*, el jefe de Papi en la fundición, iba a tirar a la basura: *Readers' Digest Condensed Books*, comics, revistas *Life*, y otros. Además de trabajar en la fundición, Papi le hacía varios trabajos de carpintería y otros en la casa grande los fines de semana. El viejo le daba las cosas usadas, muebles, ropa y libros. Un año, Papi trajo un diván, una caja llena de ropa negra y los números de un año entero de la revista *Life*. Nos divertimos de lo lindo. Un verano antes de que empezara la escuela, mis padres le compraron una enciclopedia *World Book* a una maestra que iba de casa en casa vendiendo los libros azules o rojos. Tino y yo nos dimos gusto con los tomos, aun sabiendo el sacrificio que tal compra significaba: tres años de pagos semanales. Adorábamos los tomos azules. Y cada año pedíamos que nos compraran el suplemento con el material más reciente. Sabíamos que había mucho que aprender y memorizar, como los nombres de los estados y sus capitales, ambos, los de Estados Unidos y los de México, aun en los veranos cuando no había escuela y las tardes se alargaban como la calle Saunders, que se convertía en carretera hasta llegar a Corpus y la playa. Queríamos saberlo todo. Un verano Tino y yo descubrimos los cuentos de misterio; otro, los de ciencia ficción. Pero claro, había muchas otras cosas que hacer, no todas las aventuras sucedían en los libros.

La escuelita

Un verano abrí mi propia "escuelita", cobraba veinticinco centavos por cada niño y les enseñaba a los de cinco o seis y algunos de cuatro ya más entendidos, como en la escuela, pero en inglés y en español: cuentos de hadas, el alfabeto, los números, juegos como naranja dulce limón partido, María Blanca está encerrada en pilares de oro y plata, romperemos un pilar para ver a María Blanca, vamos a ver los quehaceres de la vida, y claro, Here we go round the mulberry bush, y You put your right hand in, you put your right hand out, you do the hokey pokey and you turn yourself around, that's what it's all about; los de inglés no tenían sentido alguno para mis pequeños estudiantes, que no hablaban ni entendían palabra de inglés. Yo me sentía madura. Acababa de enseñarle a doña Carmen las preguntas para su ciudadanía y había pasado el examen. Con mi escuelita ganaba dinero, $2.50 a la semana sin tener que levantarme en la madrugada para ir a piscar algodón desde las cuatro de la mañana. Pero mi negocio no duró mucho. A causa de un accidente, tuve que cerrar mi escuelita y mandar a los niños a sus casas. Un pedazo de metal me cortó la pierna. Era un bote de spray que explotó cuando prendimos fuego para quemar la basura un atardecer, con los grillos chillando y los pájaros buscando su lecho para pasar la noche. Ya casi se había quemado todo, hojas secas y desperdicios. Yo, parada viendo el atardecer de verano al fondo del solar al lado del excusado, con la escoba en la mano admirando el solar recién barrido y lo simétrico de los barridos me daban ganas de pasar la mano por la tierra firme y suave. El fuego se come el papel y las hojas, las ramas secas del mezquite, en la obscuridad. De repente se oye un ruido fuerte como de pistola o cohete. Siento el dolor agudo como una luz brillante y veo que la sangre me corre por la pierna. Bueli estaba del otro lado, donde están los árboles. Ella también está herida y grita: ¡Ave María purísima! Jamás supimos quién rompió la regla de no tirar latas de ninguna clase en la basura que se iba a quemar. Tuve que llevar una venda y al andar me ardía la herida. Mami no me permitió seguir con la escuelita, así que la cerré. Y como tampoco podía usar el pedal de la máquina de coser Singer, me pusieron a bordar, a hacerle la bastilla a los vestiditos, a remendar, ayudándole a Mami a coser la ropa de la escuela de todos nosotros y la de sus encargos. Había aprendido a coser a máquina a la edad de nueve años cosiendo los calzones de las pequeñas Esperanza y Margie. A la edad de doce ya me hacía mi propia ropa y le ayudaba a Mami con sus órdenes. Mami jamás usó patrón para coser, así que cuando aprendí a usarlo en la escuela me confundí. El vestido azul zafiro de talle princesa y con el zipper al lado nunca me quedó tan bien como si hubiera usado el método de Mami. Pero el proyecto de clase requería el uso del patrón.

Unas semanas después del accidente, llegó tía Chacha de Chicago. Iban camino a Monterrey y me mandaron a pasar el resto del verano con Mamagrande en su casa fresca por la calle Washington. Nunca mencioné el accidente, pues no quería lástima. La cicatriz, casi imperceptible, parecía una rayita marcada con un pedazo de jabón en la tela que Mami y Bueli preparan para hacer las colchas. La cicatriz perdura, un poco más visible que el lunar en forma de corazón en mi chamorro flaco, bronceado por el sol.

La quemazón

Claro que había otras quemazones y fuegos, no sólo lumbres para quemar basura. Aún vivíamos por la calle Santa María cuando la familia Chavira perdió todo, incluyendo a su nene de dos meses. Un relámpago cayó y las llamaradas llegaban hasta el cielo. Bueli había tapado los espejos con sábanas blancas tan pronto y se escucharon los truenos, revisó que todo enchufe estuviera libre para que la electricidad no llamara a los rayos amenazadores. La casa de los Chavira. Podemos oír las llamas, los lloridos, los gritos de Locha. Los vecinos se apresuran a ayudarles. Tino y yo nos quedamos seguros con Bueli mientras Mami y Papi van a ver qué pueden hacer. Por semanas tengo pesadillas donde se queman los niños. En un sueño, una muñeca de trapo —rubia de un lado y negra del otro— se convierte en mi hermanito y se está quemando. Desperté llorando y gritando al lado de Bueli en el catre que era nuestra cama. Me sosegó y entre sollozos le conté lo que había visto. Me llevó adonde estaba la cuna de mi hermanito: —Ves, está bien y aquí está tu muñeca, también está bien. Fue sólo una pesadilla—. Al día siguiente ella y Mami estuvieron de acuerdo en que me curaran de susto.

Susto

Susto. Espanto. Sucedía una y otra vez. Una vez Mami se equivocó y confundió las gotas de vitaminas de la niña y las gotas de los ojos de Bueli. Bueli lloró y gritó del dolor, Mami gritó y lloró de susto, y yo grité y lloré sin saber por qué. Tía Nicha llegó corriendo y con una vecina llevó a Bueli con el doctor. Todo salió bien, pero yo dejé de comer. Me dio calentura, las uñas se me pusieron amarillas, me quedé pálida y enfermiza. Mami me llevó con el doctor Del Valle en Nuevo Laredo, que me recetó una serie de inyecciones que me pusieron diario, por una semana. Tenía una enfermedad rara y con infecciones severas. Pero aun después de los viajes en el bos, las inyecciones dolorosas y más visitas al doctor a su oficina con el calendario con la imagen de la mujer india con un niño enfermo en los brazos, aun después de todo eso, yo no tenía apetito y me ponía más y más flaca. Las calenturas desaparecieron, pero no las pesadillas. Sólo había una solución, que me curaran del susto. Bueli le pidió a una vecina que viniera a rezarme. Sentí hundirme en el olor cálido del pirul[1], y respondí

---

[1]Se usan ramas del árbol para "barrer" el cuerpo.

como me lo indicaron: Ahí voy, ahí voy; cuando doña Cipriana me decía: Vente Azucena, no te quedes, y susurraba unas oraciones desconocidas entre dientes. Le obedecí en todo y me alivié.

Romana

La segunda quemazón que pude ver no me asustó tanto como la primera. Ya vivíamos por la calle San Carlos cuando la casa de Romana, en el solar de su hermana Jovita, se quemó una noche. Habían encendido una lumbrita[1] afuera para calentarse antes de irse a dormir, pero la hicieron demasiado cerca de la casita de dos habitaciones donde doña Lupe, su hija Romana y sus hijos vivían rodeadas de montones de ropa vieja y sucia. A causa de no tener línea de gas ni electricidad, cocinaban en una lumbre como fogata y consecuentemente siempre olían a la leña de mezquite que quemaban y su ropa estaba manchada de tizne. Esa noche todos oímos el ruido de las llamaradas que parecían comerse la obscuridad, alumbrando toda la vecindad, aun nuestro solar y el de al lado que era puro monte. Había pocos vecinos que pudieran ayudar porque era viernes y hasta Papi y Eusebio, el esposo de Jovita, se habían ido a la cantina. Quedaban casi puras mujeres y niños que lloraban y trataban de apagar la lumbre con

---

[1]Pequeña hoguera de campaña.

una manguera de jardín. Para cuando llegaron los bomberos, con la sirena gritando como en las películas, la casita estaba totalmente destruida. Doña Lupe le gritaba a Romana que era castigo de Dios por lo que estaba haciendo. Y vecinas y vecinos apenados se retiraban sin saber qué decir. Al día siguiente les llevamos ropa, ollas y platos en cajas de cartón para la familia. Doña Carmen nos pidió que lleváramos su contribución. Todo el santo día hubo una procesión de gente prestando ayuda, limpiando lo que quedaba y rescatando algunas cosas de las cenizas. Todos compartían lo poco que tenían con los desafortunados, en éste caso, Romana y sus hijos: Pola, Carmela y Pedro. La familia llegó a ser de ocho antes de que se pusiera abusada[2] Romana y se tomara la píldora, o quizá dejó de verse con Eusebio. Su mamá, doña Lupe, y su hermana Jovita iban a misa diario, portaban escapularios en el cuello como collares y parecía que siempre traían un rosario en la mano. Pero Romana sólo iba a la iglesia cuando bautizaba a los niños. Doña Lupe también tuvo sus hijas de diferentes padres, Panchita chismoleaba[3] durante sus visitas semanales el lunes después de la quemazón, tal vez el castigo de Dios era para ella, porque sus hijas compartían un marido. Mami me mandó a

---

[2]Espabilara.
[3]Chismeaba.

limpiar los frijoles y no pude oír más.

Entré a la cocina y puse taza más taza de frijoles pintos sobre la mesa laminada blanca que había traído Bueli de Rodríguez. Desparramando los frijoles con la mano izquierda y seleccionando los buenos con la mano derecha, quitando los feos, los pedacitos de tierra o piedritas, pensaba en lo que acababa de oír. ¿Serían esas las llamaradas del infierno a las que se refería sister Consuelo en la iglesia? ¿Sería que Dios siempre castigaba con lumbre? ¿Qué serían los pecados esos que jamás había oído? ¿Y por qué castigaría Diosito a la santa de doña Lupe, que se sabía todos los rezos de memoria y dirigía la novena cuando moría alguien, como cuando rezaba el rosario en la novena de la mamagrande de Martha con su voz de santa casi como la de las monjas? Pensando en todo esto limpiaba los frijoles, poniendo los buenos en el jarro para que Mami los enjuagara y los pusiera a cocer. En la radio, Ramoncita Esparza entrevistaba amas de casa entre pausas comerciales para el dolor de cabeza: *Mejor mejora mejoral* y *Remoje, enjuague, y tienda*, la cancioncita anunciando el detergente Fab. Mami y Papi bautizaron a Sylvia, la hija de Romana, sólo dos años después de la quemazón, así que el castigo no debió cambiar mucho las cosas.

El mercado

"Mercado Maclovio Herrera." Recuerdo leer el cartel grandísimo a la edad de cuatro años, cuando Bueli me enseñaba a leer usando el periódico *El Diario*. Cuando se quemó el mercado, tomé una foto de las ruinas en escombros. Uno de los cuentos favoritos de Mami es cómo me perdí en el mercado y me encontraron con Ruperto, el carnicero, sentada en el refrigerador al lado de la imagen de San Jorge, con una chupaleta[1] en la mano como conductor de orquesta y la canción *Granada* a todo volumen en la radio. Ruperto, nuestro vecino soltero y guapo, según Mami, me adoraba. Le hacía burla a Papi y le llamaba suegro, a pesar de que yo sólo tenía dos años. Me iba a esperar, según él. Papi no le veía chiste, tal vez presentía que con ocho hijas sería suegro una y muchas veces. Mami cuenta cómo un día ella y Ruperto estaban sentados en la galería jugando conmigo y Papi adentro, tras la puerta metálica, leía el periódico. Cayetano el cartero llegó con el correo y dijo: Qué linda niña, se parece tanto a su

---

[1]Caramelo largo que se chupa.

papá, mirando a Ruperto. Mami se ruborizó y Ruperto se rió a carcajadas, pero a Papi no le hizo nadita de gracia. Y el pobre Cayetano apenado[2] pedía disculpas cuando Papi, molesto por la equivocación, salió, me tomó en sus brazos y me llevó para dentro.

El mercado me recuerda a Rangel, que siempre nos decía chistes y nos llamaba pochas. Nos vendía chucherías que comprábamos con los centavitos que guardábamos cuando nos daba una madrina o una tía era generosa. Canastitas llenas de miniaturas: cazuelitas de todos los tamaños; yo me imaginaba cazuelas de barro de todos tamaños, una dentro de la otra hasta llegar a la enorme cazuela que usaba Bueli para preparar la fritada de cabrito, una cazuela tan grande como el baño de lámina[3] que usaban para lavar la ropa, el baño que ponían sobre unas piedras, sobre la lumbre para hervir la ropa. Y hasta las cazuelitas para jugar a las comadritas las usábamos para preparar comidas pequeñitas que daríamos a las chicharras que atrapábamos. Y en la canastita había escobitas y trapeadores tan pequeños que de seguro sólo podrían limpiar cuartos del tamaño de las cajas de cerillos. A veces, la canastita traía una familia de muñequitos pequeñitos y el bebé era del tamaño de una hormiga

---

[2]Avergonzado.
[3]Un receptáculo grande de acero o de hojalata.

colorada. En la tienda no se distinguía tras el celofán verde o azul asegurado con un elástico para que no la abrieras antes de llegar a casa. Rangel también vendía palotes de madera para extender tortillas de harina, molcajetes, morteros de piedra para moler salsas y una variedad de juguetes: valeros, loterías, trompos, perinolas, máscaras del Santo, y otros luchadores que salían en la tele, y látigos de cuero como el de los vaqueros, como el del Zorro.

El hermano de Rangel, a quien también llamábamos Rangel, tenía un tendajito, una tienda de esquina, en Laredo, Tejas, por la calle Santa María. Pintó la tienda de color helado de naranja para que se viera desde lejos, eso decía él y sí, se veía desde nuestra casa a tres cuadras de distancia. Al abrir la puerta sonaban tres campanitas. Cuando abro la puerta mátalica con el letrero de aluminio que dice Rainbo Bread, le doy a Rangel las monedas sudorosas por llevarlas apretadas en mis manitas de niña de tres años, repito el encargo de Mami o Bueli: sal, harina, manteca, cebolla, huevos o pan dulce para la merienda. Más de tres cosas y se me olvida el recado, y me pongo a llorar.

La escuelita de la señora Piña

La Santa María es la carretera hacia San Antonio y es la primera calle que recuerdo. Ya no vivíamos por ahí cuando los planificadores de la ciudad decidieron que San Bernardo era donde se establecerían los moteles durante los años cincuenta. Pero cuando vivíamos por esa calle y me mandaban a la tienda de Rangel a traer cualquier cosa que le urgiera a Mami, la Santa María era la carretera a San Antonio y los carros venían hacia el sur, hacia el puente, desde San Antonio, hacia el puente internacional para cruzar a México. La carretera panamericana pasaba por mi casa.

Al cruzar la carretera, que no era más que una calle de dos carriles, estaba la escuela Santa María. ¡Cómo soñaba con ir a la escuela! Pero no tenía edad para ir a esa escuela, así que Mami y Bueli me mandaron a la escuelita de la señora Piña. Todos los días cruzaba un solar baldío donde los niños de la escuela jugaban durante el recreo. Bueli me cruzaba de la mano y me despedía. Se quedaba esperando a que yo llegara a la escuelita. La veía que me depedía con la mano en el aire y yo hacía lo mismo antes de entrar a la casa de la señora Piña. A mediodía estaba ahí, esperando que saliera a comer y por la tarde repetíamos el ritual. Al llegar a casa a eso de las tres, me daba galletas —morenas o Marías— que habían comprado con Rangel en el mercado, tal vez galletas de animalitos o marranitos —mi pan de dulce favorito—, el sabor a jengibre me llenaba la boca y me servía un vaso de leche o de Chocomilk. Sentada en la sillita frente a mi mesita infantil, le contaba todo lo que aprendía: los números, las letras, poemas, palabras nuevas, todo en español. Algunas tardes había tortillas de azúcar para la merienda. Aún hoy, Mami a veces nos sorprende con sus tortillas de azúcar que, con más sabor y tostaditas, se derriten en la boca dejando un inolvidable sabor a canela.

Santa María

Al atardecer, Santa María, la carretera a San Antonio, se convertía en nuestro entretenimiento, al escuchar la radio veíamos a los carros pasar. Un sábado por la tarde Papi estaba dándose humos[1] con su nuevo Ford verde con su compadre Daniel, el padrino de Tino. Las dos familias: comadre Mary, compadre Daniel, sus hijos Danny y Memo; Mami, Papi, mi hermano y yo nos subimos al carro. Papi maneja de un lado a otro por Santa María. Amontonados en el carro, la velocidad nos emociona. De repente una sirena nos asusta. Papi detiene el carro. Y sí, el policía le pide su licencia. Pero Papi habla y habla y el policía nos deja ir sin multarnos por exceso de velocidad. —Es que andamos estrenando, we're testing the new car—, le dice Papi.

—Bueno, pues si andan estrenando y sólo es un test, bueno, pero no maneje con exceso de velocidad, ¿eh?

Estamos a dos cuadras de la casa. En silencio Papi maneja espichadito[2] y estaciona el carro. Después nos

---

[1]Fanfarroneando.
[2]Apenado y cauteloso.

reíremos contando el cuento de cómo sólo andábamos estrenando carro. Y cuando excede el límite de velocidad Mami le recuerda: Ya no andas estrenando.

El mismo Ford verde es el que Mami manejaba cuando el accidente, al ponerlo en reversa sin cerrar la puerta. Papi gritaba y con el coraje que hizo se le pusieron las venas del cuello tan grandes y moradas que creíamos que iban a explotar. Y desde ese día Mami dijo que jamás manejaría y él tendría que llevarla a todos lados. Así lo ha hecho por más de cuarenta años. La lleva a todas partes, desde viajes largos a Monterrey y a la playa en Corpus hasta viajes cortos, cotidianos, al mandado, al mall y a su distracción, el bingo. Primero era el bingo en San Luis Rey, donde Papi, como miembro de la Asociación del Santo Nombre, decía el bingo pronunciando los números con voz fuerte y sonora mientras que nosotros jugábamos a la roña y nos dormíamos cansados sobre sillas plegables, bajo las luces de focos colgando en alambres delgados como líneas de cordón iluminando la noche. Hoy los juegos son en Border Bingo, el salón comercial donde cientos de laredenses de los dos Laredos juegan sentados solemnemente, de lado a lado en mesas larguísimas, fila tras fila. Antes de los juegos, mientras los ujieres verifican la carta ganadora, Mami y sus comadres se ríen, se cuentan historias.

Mine cuenta que su hijo está por divorciarse, a Tina le pescaron un yerno con drogas, acaban de diagnosticar cáncer a la hija de Susana, Concha llega a saludar, y las jugadoras alrededor cenan fritos con chile con carne, se quejan de la mala racha que traen, arreglan sus prendas de la buena suerte: jade, hueso, madera, marfil, elefantitos de todos tamaños pero siempre con la trompa hacia arriba, budas de todos tamaños, el ajo arreglado con listones rojos, imágenes de San Antonio y las favoritas, Santa Teresita, San Martín de Porres, y las hierbitas, romero para la buena suerte o lavanda, aceites olorosos sobre las cartas, sobre su persona, amuletos envueltos en fieltro rojo y otros en bolsitas de plástico en la bolsa y monederos. Y al terminar los juegos, alzan todo en bolsos, hasta la próxima vez. Y Papi espera para que el monstruo del bingo deje ir a sus rehenes cada noche, salen usados, cansados, dos veces a la semana; a las diez de la noche maneja el carro hacia la casa.

Dahlia dos

En la foto, tía Nicha baja los escalones de la casa por la calle San Carlos y Dahlia posa al lado de una mesita redonda con el pastel de chocolate, tres velitas encendidas. El viento hace volar el vestido de organdí amarillo y su pelo, corto, lacio, enmarca su carita redonda con los ojos enormes color café y su sonrisa del tamaño de la cara. Tía Nicha suspira fuerte haciendo ese ruido tan suyo –*eeeh*– al inspirar aire. ¡Qué bárbara! ¿Por qué no me dijeron? Yo me paro al lado de Mami que toma la foto, siento el calor del sol en la espalda como cuando antes del vestido me pongo el fondo recién planchadito, aún caliente por la plancha de Bueli en las mañanas frescas. Tía Nicha temía tener tuberculosis; se casó con tío Güero en Laredo a pesar de que ya tenía novio —Cayetano el cartero— en Nuevo Laredo. Cose, pone una venta de garaje permanente, vende lo que le traen las sobrinas, su hijo, bebiéndose, acabándose la vida como su padre. Tío, que enamoró a tía y ella que dejó al hombre serio, al hombre formal por tío, que rara vez no está borracho, pero que jamás ha sido arrestado por manejar ebrio. Los policías lo conocen, lo escoltan a casa y al día siguiente algún vecino o su hijo lo lleva a recuperar el carro abandonado. Tía y tío recién casados cuando nací yo. Él salió a traer al doctor, pero el doctor jugaba al billar y no quería venir esa madrugada fría de enero porque iba ganando. Tía Nicha se quedó con Mami, Bueli preocupada, Papi apostando que yo sería hombrecito. El doctor perdió, Papi dice: Me ahorré ochenta pesos, hubiera ganado de cualquier manera. Dahlia se carcajea, toma grandes bocanadas de aire. Es la foto de su cumpleaños. ¿Es que se ríe de tía Nicha? ¿De mí? ¿De la vida?

La boda

En su retrato de casamiento, Mami se ve seria, Papi jubiloso. Apenas llevan unas horas de casados. Han venido al estudio fotográfico directamente después de oír al padre Lozano declararlos marido y mujer. Se casaron por el civil a las seis y por la iglesia a las siete de la mañana.

Él, puede ser el doble de Jorge Negrete, su cabellera negra, rizada, peinada hacia atrás, el bigote corto, los ojos grises se pregunta: ¿qué tiene esta vida para mí? Esperó hasta los veintinueve para estar seguro que era la mujer para él, la madre de sus hijos. Le preocupa la desaprobación de sus padres, sin embargo, él está seguro. Accedió a lo que le pidió su padre, pero y la madre de ella, a quien quiere y respeta, doña Celia, ¿adónde irá?

Ella, bella como actriz de cine, ojos de María Félix, se pregunta: ¿qué le pasará a mi madre? Y él, diez años mayor, ¿será esto lo adecuado? Sabiendo que lo es, pero con las dudas en el corazón, de todos modos. Preocupada por las actitudes de la familia, la insistencia ridícula de su suegro de que vivan en la parcela por un año. La boda ha procedido como la planearon, su ajuar y el traje de novia de Hachar, exactamente como lo quería y la florería logró conseguirle los alcatraces, sus flores favoritas, las que deseaba para su bouquet. Los padrinos llegaron a tiempo y la música de nivel profesional —el Ave María en la iglesia y para bailar en la recepción. Es la boda soñada, planeada, pero aún así siguen las dudas, los temores, monstruos que los acechan cuando se acuestan en la penumbra del amanecer la noche de bodas. Azahares, blancos como la leche, contra el pelo negro de obsidiana. La mantilla sobre la cabeza hace juego con el encaje del vestido, cincuenta botoncitos cubiertos de satín corren por la espalda y siete en cada brazo hasta la muñeca. Noviembre no es buen mes para bodas, tal vez llueva. Lo arruinaría todo. O si hace frío, pero no hace. Es una noche clara y fresca, y es una buena boda, un buen matrimonio.

Tía Nicha

Hace sesenta años, una niña de cinco años posa sentada en la canoa en el lago del parque en San Antonio, con un remo en las manitas. El fotógrafo del parque, con su cajita en un tripié[1], mide con exactitud. En la cabeza, un moño rojo del tamaño de la mano de su padre, se ve a gusto con su traje marinero, azul marino con el cuello blanco de piqué ribeteado de rojo. El agua apacible como una cama recién tendida, los pajarillos vuelan y llaman su atención. —No, no, mira acá, mira, mira—, ella voltea a ver una pata con sus patitos al lado

[1] Trípode.

de su padre. Los patos entran al agua sin cuidado, —mira, mira—, le dice él. Ella lo mira, oye el click y la luz la encandila. —Ya—, dice su padre y con la cuerda jala la canoa hacia él. La toma en los brazos y se van. Su mamá los sigue cojeando a causa de la pierna de leche[2] que le quedó con el último embarazo. La niña de meses en el cochecito. Tía Nicha se acuerda, toma la foto y llora.

—¿Por qué llora, tía?

—Porque éramos tan felices.

—¿Lo eran?

—Sí, éramos felices, no sé si mamá ya sabía que papá tenía otra mujer. Nadie lo sabía, pero las vecinas le vinieron con el chisme, a mamá se le partió el corazón. Las vecinas juraron que la fulana le había puesto un mal a mamá y por eso quedó con la pierna así, de un día para otro. Fue la pierna lo que la envejeció. Fueron las brujerías que le secaron la pierna, los músculos. Con sus faldas cortas se le notaba más, así que regresó a las faldas largas de su juventud, aunque ya habían pasado de moda. Regaló todos los vestidos, las faldas cortas, toda la ropa que papá le mandó hacer cuando nació la niña. Se la regaló a su amiga, la negra que vivía al cruzar la calle. Se sentaba en la galería meciendo a la niña esperando a

---

[2]Creencia que se tiene que al nacer un bebé, la madre puede quedar enferma de la pierna, que le queda tullida.

papá, fumando cigarros, uno tras otro. Yo me quedaba dormida.

—¿Bueli fumaba?

—Sí, tal vez por eso le dio cáncer.

—¿Y tenían vecinos negros en San Antonio?

—Sí y chinos también. Todos vivíamos juntos, los que trabajaban en el ferrocarril en el mismo barrio. Como familia. Si alguno tenía problemas, los otros le ayudaban. Si mamá necesitaba una cebolla para cocinar, me mandaba con la vecina de al lado o al cruzar la calle para pedirla. Aquí no se ve, pero traigo mi muñeca en la lancha.

—¿Una muñeca?

—Sí, papá nos había dado muñecas, una a mí y otra a tu mamá. Eran de trapo, pero hermosas, con las facciones bordadas de seda, ojos azules bajo cejas negras y con labios rojos. Después, mamá las escondió, tal vez las tiró o se las regaló a alguien.

—¿Por qué?

—No sé, tal vez porque pensó que eran parte de la brujería. De niña, ella vivía al lado de una bruja en Monterrey. Tú te acuerdas del cuento, cómo un día su abuelita —porque la crió su abuelita— estaba tomándose la siesta. Mamá no podía dormir y se fue a jugar al solar. Mientras jugaba con sus muñecas en el zaguán, oyó ruidos al lado. Se asomó por una rendija de la barda y vio a la bruja, doña Remedios, creo que se llamaba, que enterraba unas muñequitas hermosas. Y es que mamá pasó su niñez muy sola. No tenía a nadie con quien jugar. Y la abuela ya estaba muy vieja, así que la niña se entretenía como podía. Pues tan pronto se retiró la bruja, la niña brincó la barda, desenterró las muñecas y se las trajó a su solar para jugar. Cuando despertó la abuela y fue a ver qué estaba haciendo, se la encontró en el solar bajo el pirul sirviéndoles té a unas muñecas de trapo hechas a mano y con alfileres por todos lados. Inmediatamente supo de qué se trataba y mandó a la niña que regresara las muñecas adonde las había sacado o algo terrible pasaría. Mamá hizo lo que la abuela le mandó y jamás se olvidó del incidente, pues como castigo la abuela le quitó todas las muñecas y se las escondió para que no jugara con ellas por largo tiempo.

Las lágrimas disminuyen poco a poco ante el recuerdo de aquella pequeña en la canoa tan contenta, tan protegida, tan adorada. Tomo otra foto, Buelito de joven con su pie en el estribo del carro Ford, un osito de peluche sentado en el estribo.

—¡Cómo quería papá ese carro!— dice tía —también estaba orgulloso de la troca negra. Creo que eso fue lo que más le pesó cuando nos vinimos de San Antonio, vendió su carrito verde y compró la troca para poder traernos los muebles y todas las pertenencias de regreso a México. No creo que le haya dolido tanto perder las cosas. ¡Cómo le dolió perder su troca!

Siento que la tía está a punto de llorar de nuevo.

—Tía, no llore.

—Son los recuerdos, cuando estés vieja tú también llorarás como yo, acuérdate. O tal vez tú no, con tus viajes y tus recuerdos tan bellos. Pero como puedes ver, lloro hasta por los recuerdos bonitos.

Tía Nicha pone las fotos en la caja de zapatos con las otras fotos y las tarjetas: día de las madres, navidad, cumpleaños, nacimientos —la cigüeña con un bulto en el pico, anuncia el nacimiento de bebés a sus sobrinos y sobrinas—. Lee con reverencia los mensajes, con cariño toma las invitaciones de bodas, graduaciones, amarillentas y formales, esquelas anunciando la muerte de algún amigo o pariente; esquelas de antes, cuando se mandaban en sobres blancos con la orilla negra y me estremezco. Sus suspiros retumban en mi corazón al caminar por la vereda bordeada de las florecitas moradas y blancas, las teresitas, que tanto le gustan. Sus seis perros a mis pies, lamiendo brazos, piernas, oliéndome, lloriquean para que los acaricie y ladran quedito, bajito como no queriendo. La hermana de mi mamá guarda sus memorias, sus recuerdos, en el pecho, suspira, llora y sonríe.

—Ya no llore—, le grito como despedida.

—Ya verás cuando estés vieja y llorona, ya verás, hay consuelo en las lágrimas.

Huilas, papalotes, cometas

Cometas, huilas o papalotes. Había concursos para ver quién construía la que volara más alto y más tiempo. Siempre ganábamos nosotros, Tino y yo. Nuestras huilas y papalotes vuelan al cielo, acariciándolo, horas después de que las otras se han venido zigzagueando hacia la tierra. Podíamos mandar hasta diez recados en una sola cuerda, ¡tan alto volaban! Las colas más largas las hacíamos con retazos de tela que Mami nos daba de su costurero. Coleccionábamos palitos y cortábamos varas del mezquite del solar. Luego Papi nos dejaba usar su navaja negra, la de la hoja que se dobla sobre sí misma. Mucho cuidado, nos advierte. Recortamos las varitas con cuidado, haciéndoles un recorte para que el cordón pase fácilmente. Juntamos periódicos, cortando el molde una pulgada más grande que el armazón que construimos con las varitas y el cordón. Preparar el armazón es sólo la mitad de la tarea, todavía falta cortar el papel con exactitud, asegurarse que el cordón esté lo más macizo que se pueda y estar seguros que el papel quede ligero, bien pegado, sin mucho engrudo y sin mucho doblez. En la cocina, con la ayuda de Bueli o

Mami, cocemos el engrudo —harina y agua— hasta conseguir que se convierta en pegamento, un líquido grueso, suave y liso, sin bolita alguna. Es el mismo pegamento que usan la comadre Adela y sus hijas para hacer flores y coronas; el mismo pegamento que usa don Cipriano, el piñatero. Cada quien hace su propia cometa, primero decidiendo si va a construir la huila en forma de hexágono o el papalote de cuatro lados. Los mayores, con más experiencia, siempre escojen las huilas y los jóvenes hacen papalotes. Los mayores ayudan a los menores, excepto a los llorones como Margie que no quiere que nadie le ayude. Y son las cometas de ellos las que no vuelan, demasiado pesadas con pegamento o porque el papel y el cordón no están bien puestos. Sacamos nuestras creaciones al sol. Al día siguiente, las huilas y los papalotes toman vuelo, exactamente como lo dictan sus nombres; huila, según Papi, quiere decir ave en náhuatl. Después de amarrarles las colas hechas con sobrantes de tela que Mami nos da, sobras de los sacos de harina con los que hace vestiditos y calzoncitos, atamos la cuerda para volar. El manojo de cordón es del tamaño de una pequeña barra de pan. Listos. Con la cooperación del viento, lejos del cubreviento —el árbol más alto del solar— y lejos de los alambres de las líneas eléctricas que pueden averiar nuestras obras maestras, nuestras huilas y papalotes se lanzan a los cielos, como pájaros que se escapan de sus jaulas. Los adultos vienen a ver las cometas, algunos escriben cartas en papelitos. ¿Qué escribir? Oraciones a Dios, a los ángeles. Papi le manda cartas a Mami. Los pedacitos de papel se hacen cada vez más pequeños al subir por la cuerda curveada en el viento, más y más lejano hacia la cometa que casi desaparece con la cola larga ondeando, manteniéndola a flote. Cometas de periódico que se ven blancas en contraste con el azul del cielo, desaparecen en la foto blanco y negro. Pero yo sé que están ahí, volando sobre el mundo. Estamos en el solar baldío al lado de los rieles del tren que pasan por la cascajera. El viento me levanta la falda. Compadre Leo y Papi están ahí, con nosotros, apoyándonos, debe haber diez cometas volando ese día. Pero sólo recuerdo la mía. Y el viento que me estira, me estira tan fuerte que creo que me levantará y me mandará como carta a Dios. Y Mami tomando la foto, el viento le levanta el pelo por todos lados.

Matachines[1]

Caminamos las tres cuadras a la iglesia Mother Cabrini con vecinos, vecinas, comadres y compadres. Llegamos justo a tiempo para oír al mayordomo de los matachines sonar la tambora. *Pum, pum, pum, pum.* Solemnemente, los danzantes entran al área reservada para la danza. Comienza la música: acordeón, violín el incesante *tan tan tatán, tan tan tatán* de la tambora. Dos hileras de danzantes comienzan el primer son para saludar a la Santa Cruz. Para mis ojos de niña de tres años, es una cruz gigantesca cubierta con flores: San dieguito, jazmines, gardenias, rosas y varios verdes como helechos y recedad, y hasta varias hierbitas: romero, albahaca, ruda, olores fuertes y conocidos. La cruz del alto de la casa. La encargada de vestir la cruz, la ha forrado con manta, añadiendo flores y hierbas hasta cubrirla todita. Una sábana blanca resalta sobre la cruz florida. El olor a las ramas verdes, ¡a tanta flor! Papi me lleva de la mano,

---

[1]Danza tradicional de origen indígena que se baila en honor de la Virgen de Guadalupe y otros santos en los pueblos y ciudades del norte de México, y el suroeste de los Estados Unidos.

le tengo miedo al ruido, al viejo con su disfraz, que de repente está ahí, frente a mí con su careta de animal, con un látigo. Empiezo a gritar y llorar; Papi me carga, me consuela. —Ya, ya, si es don José, ¿qué no lo ves? —señala al viejo que se aleja a asustar a otros niños. Con mis bracitos rodeo su cuello y sollozando suspiro y sigo llorando. Así paso el resto de la noche, cuando llegamos a casa Bueli se enfada con don José y me da una cucharadita de azúcar para prevenir que me enferme de susto. Esa noche, son los diablos de la pastorela comiendo lumbre y el viejo de los matachines los que aparecen en mis pesadillas. Me despierto gritando. Y al día siguiente, Bueli me cura de susto. Una curación diferente a la de doña Cipriana, pero funciona de todas maneras. Me barre con ramas de pirul y con un huevo me recorre todo el cuerpo, los brazos, las piernas, rezando sus oraciones, mientras estoy tirada en el piso de la cocina. Duermo profundamente. Al siguiente día, el huevo en un platito bajo la cama tiene la forma del viejo en la máscara de don José.

Calentura

Cuando nos da el sarampión o tal vez la viruela, los tres —Dahlia, Tino y yo— nos enfermamos seriamente. Me estoy quemando y sé cómo se siente el comal[1] sobre la lumbre. La temperatura tan alta y comezones tan terribles que ni los baños de almidón nos dan alivio. En la cama de Bueli, sueño despierta. La cama llena de víboras de cascabel como las que Papi mata cuando entran al solar, las cuelga en las ramas del mezquite para que llueva. Las serpientes se quieren enrollar en mis piernas, mi cuerpo, los pies, sus lenguas largas con veneno me quieren picar. Lloro sin llanto y asustadísima me trepo a los barandales del respaldo de la cama de fierro, hasta que llegan Mami y Bueli y me toman en sus brazos, me aseguran que no hay víboras, que es sólo la colcha de Bueli de pedacitos de tela de algodón que hizo en el verano. Mira, aquí hay pedacitos de tu vestido, aquí otro de tu vestido de cumpleaños y aquí hay otro del vestido de Dahlia, también uno de la camisa de Tino igual a la de tu Papi. —No, son víboras—, pero luego

---

[1]Disco delgado de lámina sobre el que se cuecen las tortillas.

veo que no, que los colores son de las telas que parecen la piel de las víboras que Papi cuelga en el árbol para que se sequen. No puedo creer que mis ojos me engañen. Insisto en sábanas y colchas blancas de manta, no quiero ni ver la colcha de pedacitos.

Viernes

El viernes es día de pago de Papi en la fundición. Así que lo esperamos para ir a la tienda del Brodita (de Brother), el señor que trabajó con Papi y que ahora presta dinero, y firmas un papel y puedes llevarte mandado a casa cuando hay huelga. Es viernes y no podemos comer carne, a pesar de que es día de pago y Mami ha comprado picadillo en la tienda del Brodita. En vez de carne comemos enchiladas de queso blanco con frijoles o tal vez pescado, espinaca enlatada, puré de papa. Con la peseta que nos dan, cada quien compra un dulce. Yo escojo la caja roja y plateada del Cracker Jack con un juguete sorpresa o tal vez una paleta Slo Poke, que dura más. A los trece, esos chistes ya no me atraen. Un viernes en especial pido permiso para ir a Nuevo Laredo con mi amiga Ester y su familia. Vamos al México Típico, el restaurante donde su padre pide una cerveza, su madre, la madrina de Azalia, discute con él. Sus hermanos se ríen y nos hacen burla. Ester y yo ordenamos sidras, yo pido enchiladas porque es viernes y no puedo comer carne. Sueltan la carcajadas. Se ríen. Yo no les puedo creer que en México no sea pecado comer carne los viernes. Luego le pregunto a Papi y me dice que sí, que es cierto. Así que la siguiente vez pido milanesa con papas y a los trece años empiezo a preguntar, a dudar de las reglas de la iglesia, tan arbitrarias, tan injustas. Y pregunto si el cubrirte la cabeza es requerido en los dos lados. Y sí, de hecho en México no se permite ponerte un kleenex y asegurarlo con un incaible[1] —el ujier en Monterrey no me dejaba entrar a la iglesia hasta que mi prima le explicó que yo venía de los Estados Unidos—. Al padre de Ester le gustan los toros y quiere que vaya con ellos. Así que le ruego a Papi y me da permiso al fin. —Pero no creo que te vayan a gustar— me advierte Mami. Pero sí me gusta. Adoro el espectáculo, la música, los colores, la gente: las autoridades en sus trajes con sombreros grises, los gringos borrachos, todo el ritual. Pero cada vez, cuando es tiempo de matar al toro, no quiero ver, me siento enferma. Jamás vuelvo a ir a los toros.

---

[1]Horquilla, sujetador de pelo.

Hábito de monja

Acabo de recibir la comunión. Sentada en el banco de la iglesia, con Dahlia y Esperanza junto a mi, en el lado donde se sientan las niñas en la iglesia San Luis Rey, rezo con los ojos cerrados. Siento un calor que me sube de los pies a la cabeza y me siento desmayar. Con la cara hacia abajo abro los ojos y veo que llevo un hábito de monja, la tela pesada y café obscura, tela sobre tela pesada. Siento que el cuello almidonado me pica. Miro mis manos y me sorprende ver una argolla de oro en la mano izquierda, donde suelo llevar mi anillo de topacio que me regaló tía Luz. De nuevo estoy a punto de desmayarme. Un zumbido en los oídos tan fuerte que seguro todo mundo lo oye. Asustada cierro los ojos y ruego a Dios que me deje ser yo. Abro los ojos y todos están de pie y yo sigo sentada. Doña Julia viene a castigarme. Me arde donde me pellizca en el brazo flaco, me pongo de pie de un salto y me hinco para recibir la bendición. No me atrevo a decirle a nadie lo que ha pasado. Cuando lo recuerdo, es como una joya secreta, siento tristeza y tranquilidad a la vez. No le digo a nadie ni a mi amiga Ester ni a Anamaría ni a Bueli ni a Mami, sólo guardo la memoria. Y cuando de repente se me escapa —ya sea en la iglesia o cuando voy caminando sola después de la escuela— me pregunto cómo será ser monja, como sister Consuelo, vivir sin niños, sin casarse, rezando todo el tiempo. Aburrido, pienso. No es para mí. Para nada. Jamás pienso hacerme monja, además, para cuando me gradúe de high school y pueda pensar en ello, mis problemas con la iglesia seran un montón. Preguntas sin respuesta. Y la memoria del hábito pesado y obscuro sobre mi cuerpo flaco y débil se convierte en un sueño que casi no recuerdo. Pero algunas de mis amigas sí querían irse al convento, ser esposas de Jesús. Como mi amiga, ahora mi comadre, Ana, cuyos padres la mandaron al Distrito Federal con unos parientes cuando les dijo que después de graduarse se quería ir de monja. Y funcionó, también. Ana regresó cambiada. Fue al colegio, se recibió de maestra, se olvidó del convento. Ninguna de las flores de Mami —Azucena, Dahlia, Esperanza, Margarita, Azalia, Teresita, Rosa o Xóchitl— se interesó en el convento. Ni Rolando ni David pensaron en ser sacerdotes. Pero a Tino tal vez sí lo hubieran convencido. Por lo menos lo intentaron. El hermano Joseph, el padre Jones por medio de los Boy Scouts, por medio de los monaguillos, por medio de trabajos de verano que Papi pagaba. ¡Qué coraje le dio cuando se enteró! Seguro que Papi pensará en eso, ¿qué tal si se hubiera ido al seminario en lugar de al high school? Seguro que se hubiera graduado y no ido a la guerra y no lo hubieran matado. El sentido de culpabilidad debió ser tremendo. Tal vez por eso me culpó a mí, la mayor, porque no le hablé, yo que hablo inglés, que soy la mayor. Pude haberlo convencido de que no fuera de voluntario, que esperara terminar high school por lo menos. Tal vez entonces hubiera sido otra cosa. Cuando viene Tino a despedirse salgo de mi oficina, donde trabajo de las ocho de la mañana a las cinco de la tarde, salgo a despedirme. Escribe, titubeo al darle un abrazo de despedida. Papi no entiende que yo no tengo culpa ni él es culpable ni Mami. Quiere culpar a alguien. A todos. Y entonces llegan las medallas, purple heart y otras, con las pertenencias que el Army nos regresa. Las pone en un marco, junto con la foto del joven de diecisiete años, uniformado, con ojos soñadores, labios delgados, la faz dorada que lleva el orgullo como insignia.

La playa

Hemos venido a visitar al tío abuelo Pancho en Corpus Christi. La casa es tan grande que me pierdo al ir de la sala a la cocina. Es una versión de Papagrande, pero serio, no se ríe, mi tío abuelo. Nos despedimos y al ir por Shoreline Drive diviso la playa. Es invierno y el cielo gris, la arena, el mar, todo se hunde en el color gris de concreto. Lloro y grito hasta que Papi se detiene para que yo pueda ver la playa. Toma mi manita de cuatro años, llevo un abrigo azul celeste con sombrero. Al caminar me hundo en la arena y sólo consigo pisar firme al llegar a la orilla del mar. El viento y las olas del Golfo de México me aterrorizan y me encantan. Ya vámonos, le digo y Papi me toma en sus brazos y camina hacia el carro Ford verde donde Mami y Bueli nos esperan. Mami regaña a Papi por apapacharme y chiflarme, mimarme, dándome todo lo que pido, por concederme mis deseos para que no llore. Me duermo en el viaje a casa de Chelito donde cenaremos pescado con arroz. Papi me carga hacia dentro y entre sueños escucho el rugir del mar, que se mezcla con las voces suaves de Mami, Chelito y Bueli mientras cocinan. Mañana habrá menudo, dice Chelito. Tan pronto escucho sus palabras me llega el olor a menudo cociéndose.

Botas de vaquero

No me gustan las botas de vaquero. Jamás me pongo botas. De hecho cuando veo a un hombre que lleva botas, especialmente si es un anglo, me dan ñáñaras como cuando alguien corre las uñas de los dedos sobre el pizarrón. Sanjuana, mi amiga de siempre, fue violada por Tom, que masticaba tabaco y llevaba botas de vaquero. Él y su esposa eran dueños de la tiendita por la calle Saunders. Medía más de seis pies, tenía una panza enorme por beber cerveza y hablaba poco español. Ella era mexicana, pero muy rubia, chaparrita, con anteojos que colgaban de una cadenita como collar cuando no los usaba. Iba a la iglesia San Luis Rey y hasta tuvo una posada un año, detrás del tendajo, la tienda de la esquina. Pero a mí me asustaba Tom, aunque nos daba dulces si le llevábamos el reporte de la escuela con buenas calificaciones, puras "A", claro está. Sanjuana jamás me dijo nada a mí, pero yo lo sabía aún antes de que me lo confesara Helen. Sanjuana se salió de la escuela cuando todos pasamos a junior high. Sus padres querían que se quedara en casa para ayudar con sus hermanitos menores. Su mamá lavaba, planchaba, cocinaba, limpiaba día y noche, pero cuando su papá se enfermó y lo desocuparon de la fundición, no había dinero ni para la comida. Y le debían a Tom un dineral por los meses que les había fiado la comida. Sanjuana se puso a trabajar en la tiendita. Barría los pisos, limpiaba los estantes. Pesaba y cortaba carnes frías, embutidos para sandwiches, pintaba carteles −3#/$1− con pintura roja sobre papel blanco que usaban para envolver la carne, mientras que nosotras pintábamos posters para los pep rallies y los juegos de futbol: Go Lions Go. No sé cómo supe, puesto que no sabía nada seguro de tales cosas, Mami nunca me habló del sexo. Aunque curiosamente dejó un libro que lo explicaba todo sobre el chiffonier[1] −pero estaba escrito en un lenguaje técnico, con vocabulario médico y en español− y cuando lo leía a escondidas, temiendo que se diera cuenta, jamás entendí exactamente qué estaba pasando. Tal vez fueron las palabras de consejo de Mami cuando a la prima Lily trató de manosearla el janitor en su escuela, el mismo que les levantaba las faldas a las niñas y les hacía cosas malas. Sólo sé que yo sabía lo que estaba sucediendo con Sanjuana, aunque ella jamás me dijo cosa alguna. Una vez hablamos de Tencha y cómo se huyó, pero sólo me miró avergonzada y cambiamos el tema. Estaba casi con

---

[1] Cómoda.

seis meses de embarazo cuando se supo todo. Pero no pasó nada, excepto que la esposa de Tom la corrió del trabajo insultándola y llamándola puta, huila y pajuela[2]. Yo me hacía la que estaba viendo *I Love Lucy* cuando oí a Mine que le contaba el chisme a Mami. Quería ir a matarlo. Le pregunté a Helen y me aseguro que sí, Sanjuana se lo había confiado todo, desde el principio, cuando Tom le ofrecía regalos, promesas y la amenazaba. Sanjuana. Al día siguiente, después de la escuela, fui a verla, su mamá me saludó y me dijo que Sanjuana se había ido a casa de su tía en Nuevo Laredo. Mi amiga iba a ser madre y yo no podía ni hablar con ella. Su padre estaba ausente, se había ido al norte a los trabajos, si no de seguro que mata al gringo, decía Helen. Unos días más tarde, Mami me mandó a la tiendita por algunas cosas para la cena, porque cosían una colcha y no había tiempo para cocinar. Tom estaba sentado en su banco en la caja y yo tan molesta que no lo pude mirar. Y en vez de verle la cara, le veía los pies. Y al firmar el libro por lo que llevaba, la libra de baloney y la barra de pan blanco, sólo le vi sus botas de vaquero.

---

[2]Mujer de la calle.

La tele

Después del programa de vaqueros en el canal ocho en Laredo y antes de la novela Gutierritos en el canal de Nuevo Laredo, veíamos las caricaturas de Betty Boop y Mighty Mouse en el canal dos de Nuevo Laredo. Sentados en el piso cubierto con linóleo, cenábamos después de rezar el rosario, sentados frente al televisor con la pantalla cubierta con papel celofán de tres colores para que las imágenes de blanco y negro aparecieran de color. Tratando de conseguir una recepción más nítida, movíamos la antena, como las que compró doña Chole en barata, una oferta de esas que jamás podía resistir, para cuando pudiera comprar su tele. Es una optimista empedernida, dijo Papi. El noticiero en inglés lo traducía yo simultáneamente para que Papi y Mami lo entendieran. Y a veces también traducía programas como *Lawrence Welk* para que Bueli entendiera más. Toño, Sanjuana, Eleazar, Raúl, Nana, Chata y otros niños de la vecindad llegaban como a eso de las cuatro de la tarde para ver el programa de vaqueros. Algunos se quedaban a ver las caricaturas y otros se quedaban hasta las diez u once de la noche, cuando

Mami apagaba la tele y los mandaba a casa. Algunas noches, Mami y yo nos quedábamos hasta la media noche cuando se acababa la transmisión. Mami y Bueli planchaban, cosían, bordaban o tejían mientras yo hacía mi tarea o tejía. Platicábamos y Mami y Bueli contaban historias de los tiempos pasados, de sueños para el futuro, hablaban de personas que yo jamás conocí, que murieron mucho antes de que naciera. Pero también relataban cuentos fantásticos que repetían una y muchas veces, me sentía adulta, pues me permitían presenciar sus charlas, sus pláticas. Después de que falleció Bueli, Mami y yo nos quedábamos platicando, recordándola, sus gustos, sus cuentos, sus programas favoritos, sus remedios. Ya en high school, Tino y yo nos quedábamos viendo *Los Avengers* o hasta *Jack Parr* y Mami también se quedaba, platicando, pensando, arrullando al bebé con sus canciones de cuna, meciéndolo en el sillón.

Ahijada

Mami es la madrina, así que ella y su ahijada Frances posan en la foto de comunión. Mami le hizo el vestido y el velo. Trabajó durísimo y por meses tejiendo zapatitos y chamarritas para venderlas y poder ahorrar el dinero para pagar por la vela, el rosario y el libro para Frances. Frances. La única de la comadre María que lleva nombre de gringa. Las monjitas en Wisconsin le pusieron Mary Frances cuando la comadre María les dijo que quería que se llamara Francisca. Cuando se mudaron los Treviño a Oakland, California, Mami casi convenció a Papi de que nosotros también debíamos irnos a California. Puedes trabajar, tu artritis no te dolerá tanto en ese clima y los niños podrán ir al colegio gratis, averiguaba Mami, pero Papi no se convencía, no quería quedar tan lejos de la familia en Monterrey. Cuando los Treviño regresaron un año depués Papi se arrepintió de que no nos hubieramos ido. Les fue requetebien[1] en los files[2] aunque todavía vivían con la

---

[1]Muy bien.
[2]Los campos de sembradíos.

hermana de la comadre María. Pero era demasiado tarde. Mami estaba encinta y la escuela había comenzado, Bueli había muerto. No, es mejor quedarnos aquí. Más vale malo por conocido que bueno por conocer.

Pancho

Doña Julia crió a Pancho, su entenado, como si hubiera sido su propio hijo, el menor, ya que Ramiro tenía diez años cuando ella se hizo cargo de Pancho a la edad de dos años, al morir su madre de pulmonía en el campo de trabajadores migratorios en Idaho. Había querido adoptarlos a todos, pero vio lo difícil que sería y aceptó tomar sólo a Pancho. Tía Nicha casi adopta una de las niñas, pero el tío Güero le prohibió ni tan sólo pensar en echarse la carga. Otras familias tomaron a los otros tres niños. El padre, un gringo que no tenía familia alguna, triste por tener que repartir a sus criaturas, se consolaba sabiendo que sus hijos estarían bien cuidados por las familias que venían todos los años del sur de Tejas. Cuando Pancho se casó y el sacerdote dijo: Tomas tú, Dwayne, a Maricela... se oyó un murmullo por toda la iglesia, pues nadie sabía que Pancho se llamaba Dwayne. Pero ahí estaban su hermano y sus dos hermanas, que habían venido a la boda desde Alice, Kingsville y el Valle, y le llamaban Dwayne. Doña Julia lloró igual que cuando se le casaron los otros, los mayores. En la recepción fue de mesa en mesa a saludar a los invitados. Y cuando llegó el mariachi, Pancho se soltó uno de sus famosos alaridos. Estaba contentísimo. Pancho y Maricela se quedaron con doña Julia de recién casados, pero cuando nació el primer bebé, Francisco Dwayne, construyeron una casita en el solar, dejando poco espacio para el jardín de doña Julia, las matas de cilantro, hierbabuena, manzanilla y sus rosales favoritos. Pero Pancho no quería dejar sola a doña Julia. Y ella no quería que él se fuera muy lejos. Hasta el día que murió doña Julia, tomaron su cafecito sentados a la mesa cubierta con el hule de flores azules, como lo hacían todas las mañanas antes de que Pancho se fuera al trabajo, analizando los sueños de la noche anterior, haciendo planes para el futuro. Al regresar de misa una mañana la atropelló un carro conducido por un joven teniente de Ohio, que se entrenaba para ser piloto en la base aérea. Ni siquiera entendió las últimas palabras de la viejita, todo lo que pudo recordar es que decía algo de Pancho. Pancho lleva el luto en su corazón. Le puso Julia a su primera niña.

Curaciones

Primero viajamos por tren a Monterrey, luego con tía Luz en camión a Matehuala y luego en burro hasta el pueblito Real de Catorce y finalmente a la casa de la curandera. Pero no sólo es una casa, hay varios jacales donde los ayudantes y algunos casos que requieren tratamientos largos se hospedan. Papi ha venido buscando alivio para su artritis. Sus manos ya se están deformando, convirtiendo en lo que serán sus manos de anciano. Y el pie le duele tanto que hay días que casi no puede andar. Cuando toma el martillo, se le cae de la mano, del dolor tan intenso en las coyunturas. En la escuela primaria donde va de noche a aprender inglés, llena hoja tras hoja de verbos conjugados con su escritura florida, el dolor es intenso al tratar de agarrar el lápiz con la mano. Así que hemos venido buscando alivio. Buscando que la curandera que sana milagrosamente lo sane. Tía Luz nos cuenta de los milagros: ¡hasta cánceres ha curado! En la pared de la salita de espera, testimonios, cartas, exvotos, atestiguan de los poderes milagrosos de la curandera. De sus logros. Vienen de todas partes de México y los Estados Unidos. Los leo, pero no me impresionan. No me convencen y comparto el escepticismo de Mami. Luego, una de las ayudantes viene por Papi y no me permiten entrar donde van Mami y tía Luz. Papi entra a una habitación interna, una cortina separa los cuartos interiores. Camino hacia afuera. Me siento bajo la sombra de un árbol que no reconozco. La brisa de la montaña refresca a pesar de que el sol está caliente en pleno mediodía. Pasan las hormigas coloradas cargadas de semillas tres veces más grandes que ellas, pienso en Buelito y cómo las hormigas se le subían a los brazos, las piernas y los pies descalzos y jamás le picaban. La madre de una joven como de mi edad la espulga. Pero algo está mal, la muchacha me ve sin verme. Me estremezco con el cálido sol. Esa tarde oiré que la madre cuenta su historia a Mami, cómo su Manuelita tiene la cabeza débil y se ha enfermado al hacerse señorita. Han venido desde Houston y ya llevan dos meses. Se tienen que quedar durante el invierno. La madre llora, Mami la consuela. Pero sé que hay más que no nos dice. Luego oiré a tía Luz que le cuenta a Mami que a Manuelita la violaron en Houston. Por ahora camino y me siento bajo un pino. Pienso en la enfermedad de Papi. Cómo, según él, se enfermó por bañarse en el río Sabinal un día en tiempo de calor, pienso en los remedios caseros que ha probado. Cómo se unta el alcohol con mariguana todas las noches. Y los dolores siguen. Los curanderos, los doctores. Las inyecciones de cortisona, las pastillas de $10 cada una. Esto tampoco le ayudará, pero hay que hacer el esfuerzo. Darle chance. La curandera no cobra, pero si quieres le puedes dar un donativo a las ayudantes. No hay manera de regresar a Matehuala cuando acaba la consulta, así que nos quedamos en una casa particular, comemos tortillas de maíz con frijoles y queso guisado a la luz de una lámpara de aceite. Me duermo en el piso al lado de la puerta principal. Acostada ahí, puedo ver el cielo; veo una estrella fugaz, mi deseo; que se alivie Papi. Salgo a orinar detras de la casita, miro el cielo. Señalo las constelaciones. Orión, la osa menor y la mayor, el Milky Way cruzan el firmamento. Sola en la noche sin luna, siento que se me vienen las lágrimas y dejo que me consuman.

Piojos

Con júbilo y anticipación llego a casa y me encuentro con Mamagrande y tía Lydia que están de visita, vienen de Monterrey. No me aguanto y despuesito de darles saludos y besos anuncio: tengo piojos. Explico que en el recreo la enfermera que vino de la oficina central nos inspeccionó los ojos, los oídos y con un palito de paleta nos partió el pelo buscando piojos. Igual que Sanjuana, Chelito, Peewee y casi todas mis amiguitas, yo también quería recibir el papelito amarillo que declaraba que tenía piojos. Y cuando la enfermera asintió con la cabeza y me dirigió a la oficina, me sentí miembro de un grupo exclusivo. Igual que cuando adrede me equivocaba al deletrear alguna palabra durante el spelling bee para irme a sentar con mis amigas y no quedarme parada, y sufrir después cuando me llamaban gringa o *teacher's pet*.

Al entregarle a Mami el papelito con las instrucciones para remediar mi problema, me di cuenta que estaban en inglés, así que tuve que traducirlo todo, inclusive lo mal que me iría si no se atendía mi problema inmediatamente. Pobre Mami, estaba tratando de quedar bien con su suegra, llego yo y le arruino todo. Mamagrande se escandalizó, pero tenía soluciones. Le dijo a Mami qué tipo de jabón debía comprar y se puso a espulgarme inmediatamente. Me di cuenta que el gran evento no era nada divertido, pues tenía que sentarme en un banquito con la cabeza en el regazo de Mamagrande, que olía a Monterrey y ella me estiraba el pelo para sacarme las liendres y los piojos que encontraba en mi cabellera. Todo el fin de semana me la pasé en guerra con los bichos. El lunes en la escuela comparamos los tratamientos torturantes para quitarnos los piojos: gasolina, champús apestosos, los peines con dientes tan pequeños que sólo los más minuciosos se escapaban. Sólo Olegario nos hacia burla y decía que a él le gustaba tener piojos, y que se podían perder fácilmente en su melena negra. Pero en unos cuantos días, regresó con la solución de sus padres: totalmente rapado. Desde ese día lo apodamos Pelón, nombre que llevó hasta high school, cuando en los sesenta peleó con la administración para poder llevar su pelo largo.

La próxima vez que los bichos encontraron hogar en mi cabello, no llegué con el mismo entusiasmo a casa, pues ya sabía lo que me esperaba. Pero en ocasiones, decía sentir la comezón, el hormigueo que daban los piojos para que Mami o Bueli me espulgaran, dejar caer

mi cabeza sobre su regazo y sentir sus dedos cariñosa-
mente espulgar y acariciarme el pelo y no encontrar
nada.

Memo

Memo llegó de la Escuela Estatal de Educación Especial aún más malo que cuándo se fue. Don Guillermo no había querido someterlo a las crueldades de los otros niños y no lo había inscrito en la escuela. Se quedaba en casa porque no hablaba y nunca sabían cuando le iba a dar un ataque, cuándo se tiraría al suelo con espuma en la boca, los ojos torcidos y haciendo gruñidos como un perro rabioso. Era su cruz y había que cargarla, tener a su hijo mayor, el que llevaba su nombre, tan enfermo que sólo la familia lo aguantaba. Pero lo quería como a todos los demás, si no más, por ser el primero y porque tenía que protegerlo. Todo el barrio lo conocía y lo protegía. Pero un día, uno de sus trabajadores, enojado por algo que don Guillermo como contratista había hecho, lo reportó al Estado, por lo menos eso se decía.

Ese otoño, después de que regresó la familia del norte, vinieron los del Estado y se llevaron a Memo. Doña Sofía, triste pero conforme, porque estaba cansada de tanto cuidar a su hijo, que ya se estaba convirtiendo en hombre con mentalidad de niño. Se culpaba por desatender a los menores. Aunque siempre había pensado que era su carga, no podía dejar de cuidarlo y nadie podía cuidarlo mejor que ella, así que desde el principio se opuso a que se lo llevaran. ¿Quién lo cuidaría mejor que su propia madre? Pero cuando le dijeron que le iban a enseñar a escribir y a leer, y que aprendería a vestirse y a comer por sí solo, cedió. Además, le informaron que no tenía opción alguna. Memo tenía que ir a la escuela, por ley. Le dolió ver que se lo llevaban en el carro del Estado, la mujer y el hombre que vinieron por él. Esa noche lloró pensando que su hijo estaría asustado tan lejos, en Corpus. Pero por la mañana se sintió libre y se alegró de que su hijo estuviera aprendiendo a cuidarse a sí mismo. Cuando Memo regresó en mayo, tuvo dudas de que habían hecho lo mejor.

Regresó peor que cuando se fue. Ese verano en los trabajos, tuvieron que mantenerlo atado a la troca porque si no se escapaba y causaba problemas con las mañas que había aprendido en la escuela, aunque sí podía comer sólo y decir maldiciones en inglés y en español. Sus palabras ahora sí se le entendían. Yo sabía que esas palabras eran malas y no se podían repetir, especialmente frente a los adultos y las maestras.

Cuando Bueli nos regañaba y con coraje decía Cheesus[1], y cuando yo dije lo mismo al perder cuando brincábamos a la cuerda, Mrs. Treviño me regañó y me dijo que las niñas buenas no decían esas palabras. Pero yo sabía que la comadre Concha al platicar, decía maldiciones, echaba chingados y cabrones, y que cuando decía Santa Cachucha también era maldición, ya que Mami nos había prohibido decir esas palabrotas. Pero Memo las decía al aire libre, gritándolas a los cuatro vientos cuando lo ataban a la troca. Ese otoño, Memo no regresó a la escuela. Cuando vinieron por él, estaba en el hospital, enfermo. Murió ese invierno en casa. Después de uno de sus ataques no volvió en sí y dejó de respirar. Los vecinos decían que el sólo hecho de que viviera tanto tiempo había sido un milagro, pero doña Sofía creía que si no lo hubiera dejado ir a la escuela en Corpus, hubiera vivido mucho más bajo el cuidado cariñoso de su madre.

---

[1]Jesus.

René

El último verano que pasé en Monterrey, Mamagrande y tía Luz me mandaron al Instituto de Belleza Nuevo León a aprender a ser estilista. Tía Luz pagaba la colegiatura para que la prima Lily y yo aprendiéramos algo útil. Todas las mañanas nos montábamos en el bos de la ruta San Juan- Monterrey.

Paradas en la carretera a Cadereyta esperamos hasta que el autobús de color aguacate verde obscuro se detiene con chillidos y nos unimos a los pasajeros que van rumbo a sus trabajos o a la escuela. Lilia está enamorada de César, el chofer, así que a veces nos esperamos a que sea el camión que va manejando él. Eventualmente se casará con el boletero y no con el chofer, un chico más joven, más amable y guapo que va en el mismo autobús. Y yo tengo un pretendiente que me enamora con palabras bonitas y ojos verdes como el mar. Sueño que soy la protagonista de *Espaldas mojadas*, la pocha que se enamora y cruza la frontera dejando su vida estadounidense para unirse al mexicano y se convierte en mexicana al lado de David Silva. Platicamos como novios, cómo cuando se gradúe de la carrera de medicina, después de cumplir con su servicio social nos casaremos, compraremos una casa de alto, por lo menos de dos pisos, haremos la luna de miel en Europa, llenaremos la casa de niños. Pero me doy cuenta que para René va en serio al preguntarme cuándo vienen mis padres para poder hablar con Papi y pedirle mi mano. Me asusto. Me da miedo imaginarme ya casada como mis primas, me imagino con niños como Mami y como relámpago me pega la verdad: yo no quiero esa vida para mí. De repente y sin razón, René y yo nos peleamos a diario, nos conformamos. Es normal, me dice él, son pleitos de novios. Yo me pongo celosa, él me acusa también, las palabras bonitas se vuelven crueles y odiosas. Le confío todo a mi amiga Gloria, cómo René y yo jamás podremos seguir como novios. Gloria, mi amiga íntima, vive con su abuela. Sus padres y sus hermanitos viven en Dallas y vienen una vez al año. Ella, como la mayor, se ha quedado en Monterrey a cuidar de la abuela. Compartimos secretos, chismes, nos arreglamos el pelo una a la otra. Me da su foto, caminamos por las calles agarradas de la mano, vamos al mercado a reclutar boleros, los chicos que bolean zapatos, pero sólo aquellos que necesiten corte de pelo. Les pagamos cinco pesos para que nos dejen practicar nuestro nuevo oficio. Algunos atrevidos o los más necesitados vienen con nosotras al instituto y se sientan silenciosos observándolo todo, se miran en las paredes cubiertas de espejos, sus cabecitas cambian. Las maestras pasan y aprueban o reprueban, ofrecen palabras de aliento o de cautela: cuidado con esta parte, es de peligro; sí, así está muy bien. Y cada mañana memorizamos teoría, nombres científicos, teorías químicas para los permanentes y las pinturas. Escuchamos a la directora que nos da la clase de historia y nos aburre con su voz, un sonsonete arrullador. Y cada viernes, exámen. No tengo problema más que con la ortografía, pues mi español escrito es malísimo porque jamás lo estudié en la escuela. El día que rompo relaciones con René repruebo el examen. Pero en el concurso de peinado salgo premiada con el primer lugar. Los jueces elogian mi originalidad, control del medio, practicalidad y Gloria, mi modelo, posa bajo un elaborado peinado de gajos a mi lado para el fotógrafo del periódico. El premio: dos litros de champú, de acondicionador y de laca, el spray, el fijador que usamos para peinados difíciles. Los peinados duran semanas. Es mi último año de high school. En Martin High varias amigas me preguntan qué champú uso para conseguir el brillo y qué fijador para conseguir que se me quede el french twist toda la semana. Les cuento de mis aventuras en Monterrey y me convierto en la peinadora oficial de

mis amigas y mi familia. Elaboro un peinado para que Ester salga en el desfile de George Washington. Y en la foto de mis compañeros de trabajo del periódico estudiantil, llevo un peinado fijo como casco de fútbol. Les corto el pelo a Sylvia y a Diana el día que nos hacemos la perra[1], sólo para saber qué se siente ser delincuente antes de graduarnos. Le aplico permanentes a tía Nicha; las vecinas vienen a que las peine para el baile los sábados. Pero tengo miedo. No tengo licencia del Estado. Así que no cobro, sólo acepto lo que me quieran dar mis clientes, un dólar por aquí, un tostón por allá y con eso me la paso los siguientes diecisiete años. Así

---

[1]No ir a la escuela.

saco para mis gastos, y cuando me propongo no hacerlo más, guardo mis tijeras especiales, mis rizadores de permanente y mis guantes de hule. El callo en el dedo de la mano derecha me recuerda aquellas tardes en Monterrey y a Gloria, cuando nos pasábamos ratos alegres con los chiquillos del mercado y yo soñaba con una vida diferente: una vida como esposa de René, una vida con un salón de belleza propio; una vida en una casa de dos pisos frente a una placita donde la muchacha llevaría a pasear a los niños; una vida como mexicana.

Martin High

La cafetería de la escuela superior Martin. Diciembre. Me he quedado con el periódico de la escuela para trabajar y luego asistir a la posada del Club Estudiantil Panamericano. En la cafetería, antes de la posada, jugamos con los jugadores de fútbol, nos servimos tamales de la olla que preparó la madre de Rachel Muñoz para la posada. Los montones de hojas crecen al comernos docenas y docenas. La masa de maíz rellena de guisado, puerco, nueces, pasas y justo lo que necesita de chile colorado para darle sabor. Uno tras otro, tomo Coca Cola con cada bocado. Me río de las ocurrencias de Nacho y Armando. Patsy y Homero, sentados al lado, platican en voz baja. Estamos relajando, jugando, comiendo, vamos por más tamales y el fotógrafo del periódico de la escuela nos capta con su cámara. Llevo en el pelo una diadema rosa deteniendo un flip, peinado típico de los años sesenta, que hace juego con el vestido rosa que confeccioné para la posada. Pero aparece blanco en la foto, tan blanco como el suéter que llevo, regalo de navidad de Mami el año pasado. Una foto única en la que aparezco sonriendo, el diente quebrado, la razón por la cual jamás me río en las fotos, invisible. En nuestras caras brilla la felicidad de la juventud, sin preocupaciones, alejados de los adultos. Armando no regresará de Viet Nam; Nacho no será astronauta. Patsy se casará con Homero y tendrá seis hijos antes de cumplir 30 años. Mis amigos, amigas y otros: Estela, Octaviano, Carolina, Alicia, Julia, Sandra, Gustavo, Sergio, Raúl, Susan, Clemente, Genaro, Julián, Steve, Delia, Aurora, Janice, María, Lupita, Tony, Gilberto, cuatrocientos sesenta y cinco en la clase del sesenta y cinco en Martin High School. Derrumbaremos todo tipo de obstáculos, algunos irán a la universidad, se graduarán de maestros, ¿qué más nos quedaba? Meternos a los negocios, caer en la rutina de la vida, casándonos, mudándonos, siendo padres, madres, viviendo o a lo mejor no, y darnos por vencidas y caer en líos, las drogas, el alcohol, el rechazo. Nuestros hijos ahora se salen de la universidad o estudian, se huyen, se casan, son padres, caen en líos, viven la vida de cada día. Todos nosotros, los estudiosos, las aplicadas y los flojos, los heterosexuales y los gays, los privilegiados y los desgraciados, las incautas, los cautelosos y los arriesgados, los hablantines y los callados, los recatados y las escandalosas, las iconoclastas y los respetuosos, los criminales y los buenos ciudadanos, los violentos y los cariñosos; nos convertimos en abogados, traficantes de drogas, arquitectas, médicos, maestros, empleados, jefes, desempleados, secretarios, recepcionistas, trabajadores de campo, carteros, oficinistas, amas de casa, operadores telefónicos, rancheros, vaqueros, cocineros, directores de escuela, consejeras, profesores, tabajadoras sociales, enfermeros, bancarios, policías, militares, dentistas, peluqueros, empresarios, enfermeras. Algunos de nosotros morimos en Viet Nam, otras al dar a luz, algunos en accidentes de carro, otros de sobredosis; algunos vamos a prisión, otros a Europa; hay quien se jubila a los cuarenta y cinco y regresa a la universidad. El suicidio. El SIDA, la depresión. Somos víctimas, criminales, chantajistas, filántropos, humanitarios, políticos, curanderas, cazadores, pintores de acuarela, músicos. Y los payasos del sesenta y cinco aún payasean en la reunión de 1990. Algunos de nosotros jamás nos alejamos y otros jamás volvemos. Algunos regresamos una y otra vez. Algunos amamos y otros odiamos. Algunos amamos y odiamos a la vez ésta, nuestra frontera. Algunos recordamos, otros nos olvidamos.